Propagandan

lyhyt oppimäärä

Ojala, Jukka

Propagandan
lyhyt oppimäärä

Kannen suunnittelu: BoD easycover
Sisuksen taitto: Allekirjoittanut ihan itse

Kustantaja: BoD – Books on Demand, Helsinki, Suomi
Valmistaja: BoD – Books on Demand, Norderstedt, Saksa

ISBN: 9789528036098

Kaikki media on propagandaa

Johdanto

Tämä kirja on jaettu kolmeen lukuun, joista jokainen kuvastaa tiedon tasoa propagandasta. Ensimmäinen luku on se yleinen, kaiken kansan tapa niin tunnistaa kuin määrittää propaganda. Toisessa luvussa propaganda määritellään hieman tarkemmin ja jo pelkästään sillä määrällä perättäisiä kirjaimia välimerkkeineen propagandatietous ottaa aimo harppauksia eteenpäin, jos lähtötaso oli sitä ensimmäisen luvun luokkaa. Kolmannen luvun jälkeen voikin jo sitten rehellisesti sanoa, että on perehtynyt propagandaan ainakin yhden kirjan verran mikä onkin aika hiton paljon enemmän siihen pohjatasoon verrattuna.

"Kaikki media on propagandaa", sanonta jota itse käytän usein voi kuulostaa liioittelulta, mutta samankaltaiseen päätelmään päätyivät jo vuosisata sitten niin Edward Bernays kuin moni muukin asiasta kirjoittanut taho. Bernaysin kirjaa "Propaganda" voidaan pitää aihealueen alkuteoksena, mutta se on lähinnä vain ensimmäisiä asiasta rehellisesti ja avoimesti kertovia kirjoja vuosien saatolta. Bernays ei suinkaan keksinyt propagandaa, vaan keräsi yhteen eri tahojen siihen mennessä asiasta kirjoittamat ja tutkimat asiat ja lisäsi siihen päälle omat mausteensa.

2

Seuraava teksti perustuu seitsemän vuotta kestäneeseen ja tietenkin jatkuvaan tutkimukseeni propagandasta ja siihen liittyvästä psykologiasta, niin siviilikuin sotilastarkoituksissa. Kyseessä on tietenkin vain lyhyt tulkinta siitä kaikesta tutkitusta, mutta parhaani mukaan olen pyrkinyt valitsemaan ne tämän hetken ymmärrykseni mukaisesti tärkeimmät asiat propagandasta. Loppuun olen kerännyt listaksi osan niistä teoksista, joihin tämä kirja perustuu. Vaikka propagandaa onkin tutkittu jo yli vuosisadan lukemattomien eri tahojen toimesta sekä suunnasta, kaikkien niiden läpi käytyjen tutkimusten perusteella voin kuitenkin luotettavasti sanoa sen, että emme ole lainkaan varmoja *miksi se propaganda toimii,* mutta voimme havaita sen erittäin merkittävät vaikutukset yhteiskunnassa.

Mutta... Lyhyestä virsi kaunis, lähdetään potkimaan renkaita ja päättelemään itse mistä on oikein kysymys.

3

« Manchmal wollen Menschen nicht die Wahrheit hören,
denn das würde ihre ganze Illusion zerstören. »

Sisällys

5

Ensimmäinen luku

Miten valtaosa ihmisistä tunnistaa ja määrittää propagandan?

Kuvitellaan, että sinulle tulee mediassa vastaan jokin tieto, vaikkapa uutinen...

Jos olet sen kanssa samaa mieltä, se on *totta*.

Jos olet sen kanssa eri mieltä, se on *propagandaa*.

Toinen luku

Mitä propaganda on?

Kun "me" teemme sitä, se on tiedotus- ja suhdetoimintaa, suostuttelua, viestintää ja valistusta, mutta kun "muut" sitä tekevät, se on propagandaa. Lainataan pätkä MSNBC's toimittaja Mika Brzezinskia, painotus kursivoidussa osassa:

> "He is trying to undermine the media and trying to make up his own facts," (viitaten Trumppiin) "And it could be that while unemployment and the economy worsens, he could have undermined the messaging so much that he can actually *control exactly what people think... And that, that is our job*," (viitaten mediaan)

Eli lyhyesti käännettynä: Viestintää, jolla voidaan kontrolloida mitä ihmiset ajattelevat. Samalla Mika siinä myös turhia kiertelemättä kertoi, että se on meidän, eli median, työmme.

Termiä "propaganda" ei yleensä käytetä muiden kuin sen nähdyn vastapuolen viestinnästä. Kuitenkin kyseessä on se sama asia, kuka ikinä sitten sitä tekeekin: ihmisten manipulointi. Jääkö se sitten vain yritykseksi vai onnistuuko se, sillä ei ole merkitystä vaan propagandalla

9

nimenomaan tarkoitetaan viestintää jonka *tarkoitus on manipuloida* muita ihmisiä.

Mikä tahansa viestinnän keino, jolla on tietoisesti tarkoitus saada toinen taho toimimaan halutulla tavalla voidaan laskea propagandaksi. Tiedotus- ja suhdetoiminta eli "PR" (public relations), suostuttelu tai mainostaminen kuulostavat toki vähemmän dramaattiselta, mutta pohjimmiltaan ne ovat hyvin samankaltaisia asioita. Strateginen tai yhteiskunnallinen viestintä kelpaa myös paremmin kuin propaganda ja sanaa "propaganda" käytetäänkin lähinnä vain silloin, kun se sanoma oli oman näkemyksen vastainen. Nimi ei kuitenkaan miestä pahenna, vaan ne täsmälleen samat propagandan, viestinnän, suostuttelun ja mainonnan keinot ovat käytössä kun ihmisille myydään sitä käärmeöljyä.

Kun propaganda on taitavasti tehtyä, sitä ei juurikaan huomaa sieltä muun tiedon lomasta. Yksittäisten ihmisten ja joukkojen manipulointiin on syydetty sitten 1800-luvun lopun jälkeen runsaasti tutkimusrahaa ja nykypäivänä voidaankin sanoa että sen kyllä huomaa - sitä manipulointia ei juurikaan enää huomaa. Mutta kun ihmiset nyökyttelevät tyytyväisenä asioille, jotka ovat heidän omia etujaan vastaan, voit olla varma että joku alan ammattilainen on ollut asialla ja onnistunut propagoinnissaan.

Aatetta tai agendaa ajettaessa ihmiset osaavat sen propagandan tunnistaa luotettavasti ainakin silloin, kun se kyseinen julkaisu ei edes yritä naamioida itseään olevansa jotain muuta kuin sen aatteen tai agendan ajamiseen tarkoitettua materiaalia. Mutta kun siihen samaan julkaisuun vaihdetaan eri kansilehti ja piilotetaan asiaa rahoittaneet tahot, se propaganda tuppaa menemään läpi ilman sen suurempia vastustuksia. Millä tavalla se julkaisu esitetään, vaikuttaakin suurelta osalta sen saamaan vastaanottoon. Onko siis ihme, että meillä on "luotettava media" ja heidän itsensä nimittämä "valemedia" sitä vastassa?

Propaganda luokitellaan yleensä kolmeen eri kategoriaan: valkoinen, harmaa ja musta. Valkoisella propagandalla tarkoitetaan yleensä mainoksia, mutta myös pääosin totuudenperäisiä mutta valikoituja uutisia. Harmaassa propagandassa esimerkiksi lähteet jätetään kertomatta ja tapahtumia kuvataan vain hyvin tarkasti halutulta suunnalta. Mustassa propagandassa kaikki käy, eli puhdas valehtelu omaksi edukseen on aivan tavallista mustaa propagandaa. Nämä kategoriat ovat kuitenkin vain veteen piirrettyjä viivoja, mutta ne auttavat ymmärtämään manipuloinnin eri tasoja. Mitä epä- rehellisemmät keinot, sen tummemmaksi propaganda voidaan luokitella.

Yleensä vasta "musta propaganda" tunnistetaan propagandaksi ja kaikki sitä kevyemmät manipuloinnit niellään lähes purematta. Siksi sitä propagandaa aletaan kutsumaan propagandaksi vasta siinä vaiheessa, kun kyetään havaitsemaan sen sanoman selvät virheet. Ja tässä piileekin se propagandan vaara: vasta kun viestissä havaitaan virhe, sitä lähdetään epäilemään. Ja tähän ongelmaan, jos sitä manipulointia siis pitää ongelmana, tämän kirjan on tarkoitus tarjota edes hieman apua.

Kaikki manipulointi ei ole propagandaa, mutta kaikki propaganda on manipulointia. Mutta onko propaganda sitten aina kohteelleen negatiivinen asia? Jos manipuloi ihmisiä heidän omaksi edukseen, voidaanko sitä edes pitää manipulointina? Vai onko se sitten vaan sitä valistusta tai suostuttelua? Kuka sen edun voi edes määrittää? Näihin kysymyksiin joudut itse etsimään vastaukset omasta arvomaailmastasi...

Mitä propaganda siis on, lyhyesti? *Ihmisten tietoista manipulointia jolla on tarkoitus saada heidät toimimaan halutulla tavalla.*

Kolmas luku

Tämä kolmas luku kattaakin sitten propagandan eri ilmentymiä ja toimintaa hieman laajemmin kuin edelliset kaksi lukua.

Ensimmäisessä kappaleessa tutkitaan hieman propagandan historiaa, mutta historiankirja tämä ei ole joten asiaan tehdään vain vilkaisu. *Toisessa* kappaleessa pohditaan kuinka niinkin yksinkertainen asia kuin kerrottujen asioiden valikoiminen vaikuttaa kokonaiskuvaan. *Kolmannessa* kappaleessa tarinoidaan ja tulkitaan tarinoita, joita meille kerrotaan.

Neljäs kappale kertoo propagandan eri alustoista, keskittyen niihin jotka ovat vielä päivittäisessä käytössä. *Viidennessä* kappaleessa tarkastellaan eri propagandatekniikoita joihin törmäämme päivittäin. *Kuudes* kappale keskittyy psykologian (sekä muiden tieteen alojen) ja propagandan liitosta.

Seitsemännen kappaleen jälkeen netin eri pelurit ja teknologiajättien vaikutusvalta tulevat tutummaksi. *Kahdeksas* kappale on omistettu neljännelle valtiomahdillemme - lehdistölle, eli medialle. Ja viimein *yhdeksännessä* kappaleessa opetellaan analysoimaan ja hieman myös luomaan propagandaa isojen poikien tapaan.

ENSIMMÄINEN KAPPALE

Propagandan historiaa

Mistä termi "propaganda" on lähtöisin? Kuinka uusi ilmiö on kyseessä? Suuri valhe? Miten propaganda on muuttunut vuosien saatossa?

Roomalaiskatolisen kirkon kardinaalien kerrotaan vuonna 1622 aloittaneen propagoimaan, eli levittämään sanomaansa jossain uudistuksessaan. He kyllä varmasti levittivät sitä sanomaansa jo paljon ennen tuota aikaa, mutta termin oletettu alkuperä on noilta ajoilta. Sana itsessään on peräisin latinan kielestä, tarkoittaen levittämistä. Millä nimellä sitä tiedon levittämistä ja ihmisten manipulointia sitä ennen sitten kutsuttiin? Vaikea sanoa, ehkäpä vain niillä termeillä, mitä sillä propagandalla haluttiin saavuttaa.

Viisi yleisintä syytä käyttää propagandaa ovat olleet:
1. Rahan ja varallisuuden kerääminen
2. Värvääminen
3. Toimien ja/tai aseman oikeuttaminen
4. Kääntää ihmisten mielipide jotain asiaa vastaan
5. Kääntää ihmisten mielipide jonkin asian puolelle

Propagandan keinot ovat aikojen saatossa muuttuneet ja kehittyneet paikoin hyvinkin radikaalisti, mutta ne pohjimmaiset syyt ihmisten manipulointiin eivät juurikaan ole vaihtaneet olemustaan.

Kun vallanpitäjät rakennuttivat itseään kuvaavia patsaita tai painattivat naamansa kolikkojen pintaan, he osoittivat muille oman mahtinsa ja näin oikeuttivat asemaansa. Näinkin alkeellisia keinoja voidaan jo pitää propagandana - ihmiset ovat osanneet käyttää symboliikkaa viestinnässään hyvin pitkään manipuloidakseen muiden mielipiteitä. Symboliikassa on toki huomioitava, että niiden symbolien merkitykset ovat vuosien saatossa muuttuneet joskus hyvinkin merkittävästi, joten muinainen rauhan symboli voi tänäpäivänä merkitä jotain päinvastaista. Vastaavanlaisia esimerkkejä voisi kaivaa esille sivukaupalla, mutta jokainen osannee itse päätellä mahdollisia syitä ties millekin monumentille tai rakennelmalle jonka ne vallanpitäjät ovat pystyttäneet. Tämä onkin niitä harvoja asioita jotka ovat säilyneet kautta ihmiskunnan historian - vallanpitäjät tekevät kaikkensa kasvattaakseen tai säilyttääkseen valtaansa. Ihmisten manipulointi ilman voimakeinoja on hyvin tehokas keino eikä tuhlaa kalliita resursseja läheskään yhtä paljon kuin väkivallan käyttö. Jos se toimii, älä korjaa sitä...

Voittaja *kirjoittaa* historian, kuten sanotaan. Ehkä tätä askelta voidaan pitää yhtenä suurimmista harppauksista propagandassa: kirjoittaminen. Historia on niin voittajien kirjoittama, mutta myös *rikkaan miehen kirjoittamaa*. Kautta aikojen ja vielä tänäkin päivänä suurelta osin se raha ja valta ovat määrittäneet sen, mitä ja miten on kirjoitettu ylös niin aikalaisille kuin tuleville sukupolville.

16

Se sama ongelma niin entisinä aikoina, kuin nytkin, kun oli se oman sanoman saaminen kuuluviin. Vain havaittu propaganda toimii, joten jos ei sitä sanaa saada kuuluviin, ei siitä kukaan propagoidu. Tämä vaivasikin propagandisteja aina niihin päiviin saakka, kunnes sitä sanomaa kyettiin monistamaan suurissa määrin ja sitten välittämään kohdeyleisölleen.

Kirkko, jonka ansiosta oletettavasti käytämme sanaa "propaganda" kuvaamaan tätä asiaa, on ollut suuressa roolissa siinä tiedon levittämisessä. Sama pätee toki kaikkiin uskontoihin, joiden ns. "pyhät tekstit" ovat olleet ainakin sen "papiston" saatavilla ja ovat sitä sanomaa propagoineet kansoille. Nämä eri uskontojen pyhät tekstit osoittavat samalla kuinka propagandaa levitettiin kirjoitetussa muodossa - tapauksesta riippuen se kansa kun oli joko lukutaidotonta, tai sitten kirjat oli kirjoitettu "ylemmän luokan kielellä" eikä kansan omalla kielellä. Raamattu oli pitkään oppineille luettavissa, mutta tavan kansa ei siitä sanaakaan ymmärtänyt joten tarvittiin aina ne tulkit kertomaan mitä sielä kirjassa seisoi ja siinä samalla saatiin se tulkintakin mukaan. Tulkinnan vaikutuksesta myöhemmässä vaiheessa sitten lisää.

Eri puolilla maailmaa sen kirjoitun sanan painaminen jollekin paperia vastaavalle pinnalle on ollut mahdollista jo hyvin pitkään, mutta vasta kun painokoneet, joiden painatusta kyettiin helposti muuttamaan, yleistyivät 1400-luvulla erään Gutenbergin ansiosta, propagandan käyttö siinä painetussa muodossa räjähti käsiin. Enää ei tarvittu tuntikaupalla työtä saada painolaatta aikaiseksi, tai luostarikaupalla munkkeja kopioimaan tärkeitä teoksia, vaan mikä tahansa sanoma kyettiin lyömään helposti levitettävään muotoon ja sitä kautta sanoma leviämään kaikelle kansalle. Edelleenkin vain harvat ja valitut omasivat resurssit saatikka oikeutukset levittää sitä sanomaansa, mihin muutos tapahtui oikeastaan vasta siinä vaiheessa, kun netti vuosisatoja myöhemmin mahdollisti sananvapauden ja edes jonkinmoiset mahdollisuudet julkaista sanansa kaikkien nähtäväksi lähes jokaiselle ihmiselle. Kun kaikelle kansalle lähdettiin opettamaan lukemisen jaloa taitoa vallanpitäjien toimesta, mitä luulet, oliko se tarkoitettu kansan eduksi? Mutta takaisin painettuun sanaan ja historiaan.

Sanomalehdissä ja kirjoissa oli kuitenkin pahimmassa tapauksessa valtava viive siitä kun sanoma lähti matkaan ja lopulta tavoitti kohteensa. Lennättimellä vauhtia onnistuttiin jo parantamaan 1800-luvun puolessa välissä, mutta vasta radio 1800-luvun lopussa toi ensimmäistä kertaa propagandisteille keinon tavoittaa merkittävä osa yleisöstä kertaheitolla. Vuonna 1920 potkaistiin tiettävästi radiolähetykset käyntiin, mutta alkuun radiot olivat niin harvinaisia kapistuksia että niiden ympärille kerääntyikin koko kylä tarkasti kuuntelemaan niitä tietoja, joita sen hetken vallanpitäjät halusivat kansalleen propagoida.

Elokuvat ehtivät kansan tietoisuuteen ennen radiota, mutta vasta television yleistyminen muutti liikkuvan kuvan ja äänen aseman propagandan ykköskanavaksi. Halventava termi "idioottilaatikko" kuvaa televisiota siinä mielessä oikein hyvin, että tiedon määrä yksistään jo pitää huolen siitä, ettei se sanoman vastaanottamisen

18

miettiminen tullut enää kyseeseen. Sama trendi elää ja voi hyvin propagandassa - tykitetään suoraan takaraivoon asti se haluttu sanoma audiovisuaalisesti.

Mutta propagandan historia jäisi pahasti puutteellisesti, jos ohitettaisiin kaksi mahdollisesti suurinta propagandan voittoa ihmiskunnasta tähän mennessä - ensimmäinen- ja toinen maailmansota. Vaikka ensimmäisessä maailmansodassa ei vielä ollut käytössä radiota kansalle propagointiin, propaganda itsessään saattoi kuitenkin olla ratkaisevassa roolissa lopputuloksen kannalta. Sotahistoriaan perehtyneet saattavat toki protestoida moista ajatusta vastaan, ettäkö sana olisi ollut miekkaa tai tykkiä mahtavampi ase. Tämä riippuu tietenkin siitä kulmasta, mistä asiaa katsoo - kyllä, yksikään painettu juliste tai lentolehtinen ei tiettävästi tappanut ketään ja tähän verrattuna aseet veivät voiton mahtavuudessaan, mutta olisiko sitä asetta edes tehty, jos propaganda ei olisi kiihottanut kansoja toisiaan vastaan? Toki tarkemmin sanottuna, *ellei vallanpitäjät olisi kiihottaneet propagandallaan ihmisiä toisiaan vastaan.*

Propagandan keinot ensimmäisen maailmansodan aikana olivat nykypäivään ja vielä toiseen maailmansotaankin nähden kovin alkeellisia, mutta ne toimivat yhtä kaikki. Vihollista mustamaalattiin ja omia kannustettiin uhrautumaan niin kotona kuin rintamalla "yhteisen edun" vuoksi. Kansaa valistettiin, ei tietenkään propagoitu, vastapuolen pahasta propagandasta ja vihaa lietsottiin pelkoon sekoitettuna kaikin mahdollisin keinoin. Tyypillistä sotapropagandaa, voitaisiin sanoa. Suurin peluri propagandakentällä noihin aikoihin oli CPI, eli

19

Commitee on Public Information, tuttavallisemmin "Creelin Komitea", mistä löytyy netistä runsaasti materiaalia jos asiaa haluaa kaivella enemmän. Propaganda toimikin niin hyvin, että oli täysin mahdoton ajatus, että ne oman puolen vallanpitäjät olisivat tehneet mitään muuta kuin tukeneet täysillä omaa kansaansa, kuten esimerkiksi... kertoisivat tarinaansa omaksi edukseen? Mutta itse propagandaa osattiin vielä tuolloin hieman epäillä, johtuen niistä virheistä joita propagandistit tekivät.

Jos ensimmäinen maailmansota oli siihen astisista suurin tapahtuma, jossa propaganda oli suuressa osassa, on se toinen maailmansota sitten suurin tapahtuma ehkä koskaan. Toiveajattelua, ehkä, mutta toivotaan ettei ihmiskunta enää koskaan mene yhtä pahasti propagandan valheiden verkkoon kuin mitä toisessa maailmansodassa kävi. Toisesta maailmansodasta on kirjoitettu pieni kirjastollinen kirjoja ja liikkuvaa kuin liikkumatonta kuvaa äänen kera tahi ilman löytynee niin paljon, ettei yksi elinikä riittäisi edes käymään kaikkea läpi. Jokainen päättäköön itse mitä sitten pitää paikkansa ja mikä ei, mutta vilkaistaan pikaisesti sitä tunnetuinta propagandistia noilta ajoilta jonka kaikki ihan varmasti osaavat välittömästi yhdistää sanaan "propaganda".

Nimittäin Edward Bernays... eikun siis Joseph Goebbels, joka oli tutkinut tarkasti kaikki Bernayssin teokset (ja mitä Bernays sodan jälkeen itsekin kauhisteli). Tarinan mukaan Goebbels siis kavereineen onnistui luomaan tehokkaammin propagandaa, kuin liittoutuneiden jo kaksi vuosikymmentä samaa tehneet rautaiset ammattilaiset. Jenkkien punaisen uhan (engl. Red Scare) torjuntaa varten jo 1920-luvusta eteenpäin oltiin sitä heidän propagandakoneistoa viilattu iskuun täydellä teholla. Pahat kommunistit ja anarkistit piilottelivat kaikkialla ja ensimmäisestä maailmansodasta saadut opit laitettiinkin heti hyötykäyttöön. Toiseen maailmansotaan mennessä sieltä rapakon takaa löytyi siis kaksi vuosikymmentä enemmän tietoa ja kokemusta propagandasta kuin muualta maailmassa. Toki sielä punaisen lipun alla myös propagandaa tehtiin, mutta totalitaarisessa yhteiskunnassa ei propagoida vaan valistetaan kansaa ja annetaan piiskaa niille jotka eivät valistu ensimmäisellä valistuksella.

Näin sivuhuomautuksena vielä mainittakoon, että Edward Bernays (22. marraskuuta 1891 – 9. maaliskuuta 1995) oli itävaltalais-yhdysvaltalainen propagandisti ja Sigmund Freudin sisarenpoika, joka käytti runsaasti Freudin oppeja työssään - manipuloidessaan ihmisten yleistä mielipidettä. Hänen kirjoituksensa ovat ehkä hieman vanhahtavia nykypäivän tilanteeseen nähden, mutta kertovat harvinaisen selväsanaisesti kuinka ihmisiä viedään kuin litran mittaa propagandalla. Mutta takaisin sotaan...

"Suuri valhe", eli kerro niin suure valhe ettei sitä kukaan usko että niin isosta asiasta voitaisiin valehdella ja toista sitä valhetta loputtomiin, onkin yksi näistä toisen maailmansodan propagandavoitoista. Kaikki osaavat kertoa tämän suuren valheen olevan saksalaisten, milloin Hitlerin ja milloin Goebbelsin sanomaa. Paitsi että,

21

Goebbels itse tarkoitti hieman toista artikkelissaan "Aus Churchills Lügenfabrik", Churchillin valhetehdas, 12. tammikuuta 1941 julkaistussa "Die Zeit ohne Beispiel", mikä oli noin 16 vuotta sen jälkeen kun Hitler oli suuresta valheesta puhunut. Goebbels nimittäin artikkelissa puhuu kyseisen tekniikan olevan englantilaisten tapa tehdä propagandaa. He luottavat kansan jästipäisyyteen - jos valehtelet, valehtele kunnolla ja pysy siinä valheessa maksoi mitä maksoi.

> "The English follow the principle that when one lies, one should lie big, and stick to it. They keep up their lies, even at the risk of looking ridiculous."

Toinen maailmansota on kuitenkin joka tapauksessa se ajanjakso, jolloin propaganda sai nykyisen merkityksensä - *vastapuolen tekemää väärää vaikuttamista*.

George Orwell ymmärsi varsin hyvin miten propaganda ja historia, etenkin sen väärentäminen, vaikuttavat yhteiskuntaan. Suosittelenkin kaivamaan hänen lyhyitä ja ytimekkäitä lausuntojaan tästä aiheesta, sen sijaan että toistelisin niitä sen sadannen kerran tässä kohtaa. Moni vastaus nykypäivän ongelmiin kuitenkin löytyy sieltä historiasta. Siksi ei ole mikään ihme, että sitä historiaa on niin muutettu kuin hävitetty täsmäämään haluttuun tarinaan.

Vaikka propaganda on aina tehonnut ainakin kohtuullisen hyvin tavan kansaan, osasi vielä riittävä joukko ihmisistä epäillä kerrottuja asioita. Samalla sitä epäilemistä pidettiin ainakin pääosin normaalina asiana. Tähän tuli kuitenkin historiallinen muutos 1960-luvun loppupuolella, kiitos erään ampumatapauksen jälki-maininkien, mistä todisteena on dokumentti nimeltään "COUNTERING CRITICISM OF THE WARREN RE-PORT", tunnisteeltaan "1035-960". Tämän jälkeen kansaa on propagoitu epäilemisen vaaroista ja kuinka se pelaa vastapuolen pussiin jos ei usko omien vallanpitäjien propagand... eikun siis valistukseen.

Mutta tuo JFK:n tapaus, jos et tunnistanut mistä puhuttiin, samoin kuin vuosikymmenet sen jälkeen olivat siellä rapakon takana kuitenkin vielä rauhallista aikaa propagandan osalta. Toisen maailmansodan jälkeen kun ainakin muutama vallansyrjässä kiinni ollut taho havahtui viestinnän tehoon ja päätti tehdä asialle jotain: 1948 voimaan astui "Smith-Mundt Act", viralliselta nimeltään "U.S. Information and Educational Exchange Act of 1948". Laki noin lyhykäisyydessään kielsi ns. mustan propagandan käytön omassa maassa, omaa kansaa vastaan. Ulkomailla kaikki keinot olivat sallittuja, joten jos vahingossa oman maan lehdistö tarttui ulkomailla julkaistuun mustaan propagandaan niin sillehän ei mitään voinut. Tätä kestikin aina vuoteen 2012 asti, jolloin laki "modernisoitiin" ja 2013 tämä korjattu laki otettiin käyttöön. Ai niin, mikä muuttui? Mustan propagandan käyttö omassa maassa, omaa kansaa vastaan oli jälleen laillista. Eli ns. "false flag" operaatiot ja vastaavat toimet olivat jälleen täysin mahdollisia myös omalla maaperällä - laillisesti.

Missään muualla maailmassa ei tietääkseni olla lain voimalla kielletty omalle kansalle valehtelua kuin jenkeissä. Ja sielläkin moinen laki katosi historian tuuliin 2013.

Voimmeko sitten korjata nykypäivän korjaamalla historiamme, vai olemmeko tuomitut sitä toistamaan kunnes opimme läksymme?

Ja loppuun lyhyesti vastaukset alun kysymyksiin: Katolisen kirkon ansiosta ihmisten manipulointia, jota on tehty iät ja ajat, alettiin kutsua propagandaksi 1622, tosin toinen maailmansota antoi sille sanalle nykyisen merkityksensä. Suuri valhe on sitä itseään ja ainoastaan keinot ovat muuttuneet, syyt tehdä propagandaa ovat säilyneet.

TOINEN KAPPALE

Mitä kerrotaan ja mitä jätetään kertomatta

Onko kertomatta jättäminen valehtelua? Miten valkoista propagandaa käytetään tehokkaasti? Mitä tarvitsee tietää vai mitä halutaan tietävän?

Yleisin propagandan muoto missä tahansa mediassa on kerrottujen asioiden tarkka valikoiminen. Toki on ymmärrettävää, ettei kaikkea voida millään tuoda julki yhdellä kertaa, eikä kenenkään resurssit riitä kaiken mahdollisen julkaisuun, mutta kun puhutaan "tärkeistä" ja ajankohtaisista asioista, kannattaa miettiä *kenen* mukaan ne ovat tärkeitä asioita.

Jos jokin asia päätyy mediaan saakka, se on sielä mitä todennäköisimmin ihan syystä - joku, jossain, on halunnut juuri kyseisen asian saavuttavan kansan huomion. Usein myös ajankohta ja ajoitus ovat tärkeitä, koska ihmiset muistavat mistä tahansa asiasta yleensä sen ensiksi (luotettavalta taholta) kuulemansa sanoman. Narratiivin hallinta on tärkeä osa propagandaa, mutta tässä kohden keskitytään lähinnä siihen puhtaan valkoiseen propagandaan - tapahtumasta kerrotaan täysin totuudenmukaisesti.

No mutta eihän se vielä ole propagandaa jos uutisissa kerrotaan jostain suuresta juuri tapahtuneesta asiasta? Voidaan sanoa että ei, jos mitään muuta missään ei ole tapahtunut, mutta kun kahdesta tai useammasta tapahtumasta vain yksi saa huomiota, on kyseessä silloin propagandistinen päätös valikoida se aihe. Ja tätä seikkaa ei yleensä mielletä manipuloinniksi, ennen kuin ne kertomatta jääneet asiat tulevat julki. Tätä tarkkaa valikointia voi helposti seurata tarkkailemalla useampaa eri mediaa, mieluiten mahdollisimman kaukana toistensa ajatusmaailmasta olevaa - esimerkiksi "idän" ja "lännen" valtamediaa mitä maailmalla tapahtuu. Suomeksi seuraaminen on asiasta ikävä kyllä hieman haastavampaa, koska kaikki suuret mediamme toistavat lähestulkoon samaa sanomaa.

Kun se haluttu asiaa saa kaiken huomion, voidaan samalla livauttaa sinne muiden uutisten väliin ne muut tärkeät asiat joiden kertomatta jättämisellä olisi suurempi vaikutus kuin jutun hautaamisella sinne kymmenennen sivun alalaitaan, jota kukaan ei lue. Jos siis se päivän "ykkösuutinen" kuulostaa normaalia turhemmalta, on hyvin mahdollista että se oikea pääuutinen halutaan vähintäänkin haudata uutisvirtaan. Televisiossa, radiossa ja printtimediassa tämä uutisten priorisointi näkyvyyden avulla on helppo hoitaa, mutta netin ja sosiaalisen median kautta uutisensa kuluttavat ihmiset saattavat kyetä levittämään niitä piilotettuja asioita.

Asioiden kertomatta jättämisellä voi kuitenkin olla suuremmat seuraamukset, minkä vuoksi mediat pyrkivät kertomaan edes jotain mahdollisimman monesta asiasta.

Jos jokin asia kiinnittää yleisön huomion, siihen voidaan palata hieman myöhemmin tarkemmin tarkoitukseen soveltuvalla propagandalla. Ratkaisuksi tähän asiaan onkin kehitetty keskitetyt uutistoimistot, jotka kaluavat kaikki mahdolliset tapahtumat läpi ja antavat niistä ne ensiuutiset eri medioiden käytettäväksi. Sen sijaan että eri medioilla olisi omat toimitukset, jotka etsisivät uutisaiheita, he ottavat näiltä keskittymiltä haluamansa uutiset virtaansa. Propagandan osalta tämä onkin ensiarvoisen tärkeää - alusta lähtien kaikilla on sama sävel ja valitut aiheet saavat mediasta riippumatta sen tarvitseman huomion.

Tarvitsevan, vai halutun? Riippuu kenen näkökulmasta asiaa katsotaan. Sanotaan, että media luo todellisuutta ja tämä pitääkin hyvin paikkansa. Yleinen harhaluulo mediasta ja uutisista noin yleensä on se, että niissä illan pääuutisissa kerrotaan mitä ihmisten tarvitsee tietää. Mutta tämä ei ole pitänyt koskaan paikkaansa, vaan kyseessä on aina ollut tietoa, minkä joku taho *haluaa ihmisten tietävän.* Suurin osa tiedosta, mitä minkä tahansa media ulos puskee, on asioita joilla valtaosa ihmisistä ei tee oikeastaan yhtään mitään. Joku on kuitenkin päättänyt, että tämä tieto halutaan tarjota kohdeyleisölle.

Koska vain havaittu propaganda toimii, on se kohdeyleisö valikoitava tarkasti. Erikoistuneissa julkai- suissa saavutetaan rajattu, mutta asiaan vihkiytynyt yleisö, siinä kun illan uutisia seuraa lähestulkoon koko kansa. Mitä ja miten asia esitetään, riippuukin suuresti siitä kohdeyleisöstä ja heidän oletetuista lähtökohdistaan. Sama uutinen voidaankin esittää aivan eri tavalla ja eri näkökulmasta eri medioissa. Tästä voitaisiin tehdä olettamus, että keräämällä sitten useasta lähteestä samasta asiasta kertovat jutut, voitaisiin selvittää aiheen kokonaiskuva paljon paremmin?

Jos aihe halutaan kokonaisuudessaan kansan tietoon, kyllä, yhdistämällä eri medioiden kertomat tarinat voidaan niistä muodostaa parempi kokonaiskuva verrattuna yksittäiseen lähteeseen. Mutta jos jotain asiaa halutaan piilotella ja salata, yhdistämällä ne eri lähteiden tiedot saavutetaan lähinnä vain illuusio kokonaiskuvasta, josta kuitenkin puuttuu ne kriittiset osat. Siksi se mitä kerrotaan ja mitä jätetään kertomatta ovatkin ne tehokkaimmat propagandan keinot - ei valehdella, mutta samalla kerrotaan vain ne tarkasti valikoidut, halutut asiat. Ei siis niitä asioita, jotka tarvittaisiin tietoon.

Teoriasta käytäntöön - Voidaanko tätä kirjaa siis pitää tähänastisen tiedon perusteella *propagandana*?

Kirjaan on tarkasti valikoitu ne tiedot mitä kerrotaan ja osa jää kertomatta niin inhimillisten erehdysten kuin tietoisten valintojen kautta. Itse pidän annettuja tietoja tarpeellisena ymmärtämään miten propaganda toimii, mutta se on vain oma rajallinen näkemykseni asiasta. Usea taho varmasti myös toivoisi, ettei asioita kerrottaisi tällä tavalla tai lainkaan, koska pahimmassa tapauksessa pilataan hyvä tarina faktoilla.

Propaganda itsessään on aiheena erittäin laaja ja kaikkia asioita ei tietenkään kyetä käymään läpi yhdessä kirjassa, oli se kirja sitten kuinka paksu tahansa. Tarkoituksena on kuitenkin antaa *lyhyt oppimäärä,* eli ainakin sen verran että pääsee kunnolla jyvälle kuitenkaan kyllästyttämättä aiheeseen perehtymätöntä. Kohdeyleisö on siis kuka tahansa mediaa kuluttava ihminen, mutta arvatenkin moinen aihe ei valtaosaa ihmisistä kiinnosta pätkääkään ja se ymmärrys jää ensimmäisen luvun tasolle loppuun saakka.

Vastatakseen kysymykseen, onko tämä kirja propagandaa, ei siitä riitä arvioida mitä kerrotaan ja mitä jää tahi jätetään kertomatta, vaan on palattava toisen luvun kysymykseen viestin tarkoituksesta. Tämä sama päteekin kaikkeen tässä luvussa kerrottuun - mikä on ollut se tarkoitus valita se kerrottu kuin vaiettu? Toisten ihmisten motivaatioiden selvittäminen onkin sitten helpommin sanottu kuin tehty, eikä siihen vastauk-seenkaan voi aina luottaa. Siksi vastaus siihen, onko tämä kirja propagandaa jääkin lukijalle itselleen. Lukaise ensin koko kirja läpi ja palaa tähän kohtaan...

Kirjassa siis: valikoidaan kerrotut asiat, jätetään tietoisesti osa kertomatta, määritellään sanoja ja niiden merkityksiä, annetaan tietoa tarinan muodossa, kieputetaan ja kehystetään asiat halutulla tavalla, käytetään psykologisia keinoja tarinankerronnassa ja mahdollisesti vielä neu-votaan kyseenalaistamaan asioita, jotka kaikki jo tietävät...

Itse tosin sanoisin kirjan olevan valistamista, eikä propagandaa, mutta niiden kahden ero on lähinnä vain näkökulmassa, joten...

Jos et seuraa uutisia, et ole informoitu... ja jos seuraat, olet misinformoitu. Jättämällä ne "tärkeät uutiset" pois ruokavaliosta vaikkapa viikon ajaksi, huomaa kuinka tärkeitä asioita sielä mediassa oikeasti ihmisille kerrotaan. Tärkeitä, toki, mutta ei niinkään tavallisille ihmisille vaan sille propagandalle jota eri mediat agendojensa poltteessa ajavat.

Mutta nyt on vasta mietitty kerrotun ja kertomatta jätetyn osaa, mitäs sitten kun tietoa halutaan tietoisesti poistaa tai estää sen pääsyn kokonaan tai osittain levitykseen? Puhutaan siis hieman sensuurista ja sen aiheuttamista ilmiöistä.

Sensuuri

On tapauksia, jolloin sensuuri on täysin ymmärrettävää - esimerkiksi sota tai jokin katastrofi. Tiettyjä asioita ei haluta vihollisen tietoon ja kansakunnan selviytymisen vuoksi tietoa on rajoitettava. Vai onko? Aina kun vapaata tiedonvälitystä rajataan, ajaudutaan ongelmiin joiden ratkaisemiseksi yleensä käännytään käyttämään väkivaltaa. Sananvapautta pidetään demokratian kulmakivenä ja Suomessa se on ihan perustuslakiin asti raapustettu. Kenenkään ei saa ennakolta estää toista jakamasta tai vastaanottamasta tietoa, mutta käytännössä tilanne on aivan toinen. Yksittäisiä ihmisiä on aina vaimennettu tavalla tai toisella kautta aikojen. "Väärien mielipiteiden" levittäjillä on kuitenkin tärkeä tehtävä demokraattisessa oikeusvaltiossa - he kyseenalaistavat vallassa olevat rakenteet ja niiden oikeutus joutuu koetukselle, parhaassa tapauksessa siis murentaen sen kansan suunnalta katsottuna väärän vallan.

Kun tietoa lähdetään sensuroimaan, herää aina kysymys siitä että miksi jotain asiaa ei saisi sanoa. Voidaan kertoa sen suojelevan heikompia tai estävän väkivaltaa, mutta käytännössä kyse on lähes poikkeuksetta siitä, että vallanpitäjät eivät halua tiettyjen asioiden päätyvän kansan tietoisuuteen ja siinä kohtaa on vallanpitäjien propaganda siis jo pettänyt ainakin osittain. Jos kyseessä olisi virheellisen tiedon korjaus, sensuuria huomattavasti tehokkaampi keino olisikin kumota ne väitteet oikealla tiedolla.

Aina kun jotain tietoa lähdetään kieltämään kokonaan tai sensuroimaan, pitäisi ihmisten hälytyskellot ruveta soimaan. Nyt ei siis enää riitä, että valikoidaan mitä kerrotaan ja ollaan hiljaa tietyistä asioista, vaan ollaan ajaduttu tilanteeseen jossa ainoaksi vaihtoehdoksi jonkin asian suojelemiseksi nähdään tiettyjen mielipiteiden tukahduttaminen jopa voimakeinoin.

Sensuroinnissa olisi hyvä myös muistaa ns. "**Streisand efekti**", eli kiinnostus sitä piiloteltua kohtaan saattaa kasvaa. Nimensä ilmiö sai vuonna 2003, kun Barbra Streisand yritti saada Malibun rantamökkinsä kuvat pois ihmisten näkösältä. Toisinhan siinä kuitenkin kävi ja kaikki halusivat nähdä ne kuvat joita ei olisi saanut jakaa.

Ihmisten uhmakkuus kiellettyä kohtaan saattaa joskus viedä voiton - etenkin jos se todellinen uhka on mitätön, kuten tässä Streisandin kuvien tapauksessa oli.

Niin kertominen kuin kertomatta jättäminen ovat motivaatiosta riippuen propagandaa ja mahdollisesti myös valehtelua. Yksinkertaisin valkoisen propagandan muoto on valikoida tarkkaan mitä kertoo, kuin myös mitä jättää kertomatta. Median tehtävä ei ole, eikä ole koskaan ollut, kertoa sinulle mitä sinun tarvitsee tietää - ainoastaan mitä sinun halutaan tietävän. Tämä koskee jokaista mediaa, ei vain sitä "valtamediaa".

KOLMAS KAPPALE

Vain tarinalla on väliä

Mikä on virallinen tarina? Miksi propagandassa käytetään tarinankerrontaa? Kumpi on tärkeämpi: itse tarina vai sen tulkinta?

Ihmiset ovat käyttäneet tarinoita säilyttämään ne omat tärkeät viisaudet ja siirtämään ne sukupolvilta toisille jo kauan ennen kuin ne opittiin kirjoittamaan ylös. Jopa niissä kaikista hulluimmissakin lastensaduissa on taustalla idea siirtää kokemuksia ja tietoa helposti omaksuttavassa paketissa eteenpäin. Pohditaan seuraavaksi muutamaa eri näkökulmaa propagandan ja tarinoiden yhteydestä.

Yksinkertaisimmillaan tarinassa on alkuasetelma, sitten jotain tapahtuu ja lopuksi tarina päättyy, sulkeutuu. Jos asiaa katsotaan yksittäisen asian, vaikkapa uutisen, kohdalta, tämä tarinan kaari ei välttämättä toteudu. Yleisölle annetaan alkuasetelma ja tapahtuma, mutta tarina ei usein sulkeudu lainkaan vaan jää roikkumaan avoimeksi. Mitä seuraavaksi tapahtui?! Miten tarina päättyi sen hahmojen osalta?! Tämä voi kuulostaa harmittomalta, mutta ihmismielen kannalta nämä cliffhangerit eli epävarmaan tilanteeseen loppuvat ja mahdollisesti myöhemmin jatkuvat tarinan päätökset ovat pahimmillaan melkoista myrkkyä. Jännityksen luominen ja ratkaisun pitkittäminen lisäävät tarinan kiinnostavuutta ja samalla propagandan toimivuutta, mutta kesken katkennut tarina jättää ihmisen tyhjän päälle. Epävarmuus tuottaa epämukavuutta, joten illan uutisten jälkeen ei mieli olekaan rauhallinen nukkumista varten vaan yrittää luoda epätoivoisesti vastauksia avoimiin kysymyksiin.

Siksi uutisiin tarjotaan usein mukaan pelastajia. Tarinaan tuodaan uusi sankari, joku taho joka ratkaisee ne kaikki kerrotut ongelmat sitten joskus hamassa tulevaisuudessa, kunhan vaan sinä luotat häneen ja tuet tätä sankaria! Kyllä, tilanne jää edelleen avoimeksi, mutta nyt sinulla on varmaa tietoa siitä, että näihin avoimiin kysymyksiin on odotettavissa ratkaisu - kunhan vain teet juuri sillä halutulla tavalla.

Yksittäisiin tarinoihin voidaan siis upottaa jo useita eri propagandistisia elementtejä, mutta vasta kun tarinoista lähdetään rakentamaan kokonaisuutta, saadaan tarinoiden voima kunnolla haltuun. Sekoitetaan kuitenkin ensin hieman väriä tarinaan.

Jokainen tietää, etteivät ne lasten sadut ole totta. Tai no, ainakin niin voidaan olettaa, koska tapahtumat ja hahmot vaikuttavat keksityiltä. Mutta itse tarina on todellinen, vaikkei se totta olisikaan. Aivan puhtaista saduista voidaan nimittäin luoda todellisuutta, jotain mihin ihmiset uskovat. Onko Aku Ankalla, Sormusten Herralla ja Raamatulla pohjimmiltaan niin suurta eroa? Tarinoita joihin osa uskoo ja osa pitää aivan huuhaana tai puhtaana fantasiana. Mutta ne kaikki kertovat tarinoita, joista ihmiset oppivat asioita, esimerkiksi strategioita ongelmiensa ratkaisuun. Kun se Pekka 4-v lukiessaan Akua oppii jonkin ratkaisumallin ongelmaansa, oli se tarina todellinen ja toimiessaan jopa hyödyllinen, eikö totta?

Sama pätee myös propagandassa - sillä ei ole niinkään väliä oliko se tarina totta vai tarua, ollessaan todellinen niin että sen voi ihminen aisteillaan vastaanottaa, voidaan millä tahansa tarinalla ajaa sitä omaa agendaa eteenpäin. Vaikka kyseessä olisi puhdasta valhetta ilman mitään pohjaa totuuteen, voi se kerrottu tarina toimia osana propagandaa. Totuuden, todellisuuden ja faktojen rajaa hämärtämällä voidaankin luoda helposti tilanteita, missä kaikki faktat pitävät kyllä paikkansa mutta tarinalla ei ole totuuden kanssa mitään tekemistä, samalla kun se luo todellisuutta yleisölleen. Otetaan asiasta pieni esimerkki:

> Valkoista propagandaa olisi, kun uutisiin kiikutetaan asiantuntija omalla nimellä ja naamallaan kertomaan että asia X on tällä tavalla. Harmaaksi asia muuttuisi silloin, kun puhutaan "asiantuntijat" tai "tiedemiehet" kertovat, että asia X on tällä tavalla, koska tiedon vahvistaminen on lähes mahdotonta. Ja mustaksi propagandaksi koko tilanne muuttuu siinä vaiheessa, kun jälleen nimetön lähde kertoo ihan puuta heinää - mutta edelleen kyseessä on *faktaa*, että joku taho jossain sanoi asian X olevan tällä tavalla.

35

Puheet siitä, että media luo todellisuutta pitävätkin paikkansa. Niin yksittäisten tarinoiden osalta, kuin yhden yhteisen todellisuuden kannalta. Moista yhteistä todellisuutta pidetään tärkeänä osana toimivaa yhteiskuntaa, mutta onko se sittenkään niin tärkeää? Vastataan samalla siis kysymykseen: mikä on "virallinen tarina"?

Virallinen tarina

Aikaisemmin itsekin käytin asiasta termiä "*virallinen totuus*", mutta tällä tarinalla on totuuden kanssa niin vähän tekemistä, että mitäs jos ei raiskata totuutta yhtään enempää tämän aiheen tiimoilta? Virallinen narratiivi voisi olla myös sopiva nimi - jokainen kutsukoon millä nimellä haluaa, koska jostain syystä virallista nimeä eivät ole sille antaneet.

Virallisella tarinalla itse tarkoitan tätä kaikenkattavaa tarinaa siitä, miten maailma ja yhteiskunta toimii päämedioiden ja vallanpitäjien kertomana. Se on se tarina, jonka päivityksiä voi katsoa ja kuunnella mistä tahansa "luotettavan median" lähteestä ja jonka juuresta löytyy itse koulujärjestelmämme. Tämä yksi yhteinen todellisuus on se, mikä monen mukaan on yhteiskuntamme liima joka pitää sen kaiken kasassa. Jokaisella maalla on se ikioma virallinen tarinansa, jolloin maiden liittolaiset voidaan ainakin osittain tunnistaa yhtenevän tarinan myötä. Vastapuoli kerran kertoo aina vain propagandaa, eli poikkeavaa tarinaa.

Pääpiirteittäin virallinen tarina menee Suomessa (ja lähes kaikkialla lännessä) tähän tapaan: Auktoriteetit ovat hyviä, kaiken tietäviä ja erehtymättömiä. Heihin uskomalla ja luottamalla maailman pahuudet eivät kosketa ja jos koskettavat, he kyllä pelastavat sinut kaikelta pahalta. Luotettava media kertoo ketkä ovat ystäviäsi ja ketkä vihollisiasi, tätä älä kyseenalaista koska se pelaa aina vastapuolen pussiin. Tee työsi, maksa verosi ja ennen kaikkea muista, että *vain äänestämällä voit vaikuttaa*. Näillä keinoin olet hyvä ja kunniallinen kansalainen, eli "**hyvä ihminen**" tai "kunnon kansalainen", jolla on kaikki oikeudet tehdä mitä ylhäältä käsketään. Tottelevaisuus on vapautta ja kaikki valinnat tulee tehdä aina vain annetuista vaihtoehdoista.

Asioiden yksinkertaistamiseksi otetaan tässä kohtaa käyttöön myös termi **Overtonin ikkuna**. Termin tunteville seuraava pätkä on vanhan toistoa, mutta selvyyden kannalta on tärkeää selittää asia hieman tarkemmin. Otetaan käsittelyyn lähes mikä tahansa asia nyky-yhteiskunnassa, ja laitetaan sen ympärille ikkunankarmit, eli Overtonin ikkuna. Keskellä ikkunaa on tämän hetkinen voimassa oleva asian tila. Mihin tahansa suuntaan siitä keskustasta katsookaan, loitotaan siitä "normaalista" ja päästään ensin suosittuun, siitä järkevään ja siitäkin vielä etäänpänä olevaan hyväksyttävään tilaan. Radikaali on kuitenkin ihan siinä Overtonin ikkunan näkymän äärilaidalla, mutta kaikki sen jälkeen onkin sitten ennenkuulumatonta ja useimmiten kelvotonta. Helpoin esimerkki olisikin politiikka, missä "keskusta" on se maltillinen kansalainen ja oikeisto/vasemmisto lähtevät vastakkaisiin suuntiin siitä keskeltä. Oikeiston ja vasemmiston ajamat asiat ovat siis suositusta järkevään tai hyväksyttävään, aina radikaaliin asti, mutta "ääri"oikeisto/vasemmisto on niiden karmien takana ennenkuulumattomassa tilassa, mihin kenenkään ei tule katsoa.

Virallinen tarina on jokaisen aiheen Overtonin ikkunan sisällä oleva osa. Tietyt asiat ovat siis suosittuja ja hyväksyttyjä, radikaalejakin ajatuksia voidaan sallia mutta niiden karmien ulkopuolella olevista asioista ei tulisi edes leikillään huvittaa itseään moisilla ajatuksilla. Sielä on ne pahat *salaliittoteoreetikot,* populistit ja muut ääri-ääri-ideologiat, pysy poissa niistä!

Mikä tahansa asia radikaalista eteenpäin leimataan tilanteeseen sopivalla termillä ja sitten kerrotaan miten kyseisen leiman saaneita tulee sillä hetkellä halveksia. Noidat olivat keskiajalla sielä karmien väärällä puolella, nyt samanlaista kohtelua tarjoillaan kaikille niille, jotka eivät tyydy radikaaliin ajatteluun vaan poikkeavat siitä virallisesta tarinasta ihan liikaa. Aiheesta riippuen jokainen joutuukin puntaroimaan itse niitä rajoja, mutta helpoin tapa pysyä yhteiskunnassa mukana on rajoittaa omia mielipiteitään niin, että ollaan aina varmasti hyväksytyn alueella. Osa lukijoista muistanee myös yhden jos toisenkin tahon kohtalon, kun on jääty sinne karmien väärälle puolelle tässä alati siirtyvässä Overtonin ikkunassa?

Kaikki ovat siis samaa mieltä noin pääpiirteittäin ja erimielisyydet ovat lähinnä siitä, mihin suuntaan sitä

Overtonin ikkunaa kuuluisi mistäkin aiheesta siirtää, eli mikä olisi se "normaali". Näin se yhteiskunta rullaa hyvin eteenpäin ja siksi Suomen valtion virallisissa ohjeistuksissa puhutaan väestöviestinnästä, jonka olisi oltava "yhdenmukaista ja ristiriidatonta". Ja siinäpä sitten päästäänkin virallisen tarinan ongelmaan. Kerrottu tarina on kyllä pääosin yhdenmukaista, mutta kun tarina ei täsmää ihmisten havaitsemaan todellisuuteen, saatikka totuuteen, se on kaukana ristiriidattomasta. Kaikki viralliseen tarinaan sitoutuneet pysyvät kyllä siinä yhdessä ja samassa tarinassa, mutta kun tarina on vain tarua eikä totta, tulee niitä ikäviä ihmisiä jotka sitten osoittavat tarinan ongelmat.

Valtaosa ihmisten kohtaamasta propagandasta nojaa tähän viralliseen tarinaan. Sanotaan että totuus ei tarvitse puolustajia, mutta valheita pitää pönkittää jatkuvasti. Overtonin ikkuna on tosin tässäkin asiassa varsin tarkasti aseteltu - ainoastaan myötäsukainen kommentointi sallitaan ja kaikki edellisen kaltainen menee kauaksi sinne karmien taakse. On siis täysin ennenkuulumatonta, ettäkö virallinen tarina johon yhteiskuntamme yhteinen todellisuus perustuu olisi joltain osin virheellinen. Myös siinä tapauksessa, kun sen pystyy kiistatta todistamaan. Tämä on se tarinan todellinen valta - sitä yhtä yhteistä tarinaa ei saa kyseenalaistaa.

Jos se median ja viranomaisten tarina on virallinen, miksikäs sitten niitä muita tarinoita kutsutaan? Tapauksesta riippuen ne ovat höpöhöpöä, huuhaata, puppua ja kovin usein **salaliittoteorioita**, niiden samojen virallisten tahojen mukaan. Salaliittojen olemassaoloa ei tietenkään kiistetä, mutta jos se tarina ei täsmää virallisen version kanssa, siitä tulee välittömästi salaliittoteoriaa, mikä on siis verrattavissa hullun horinoihin. Leimakirveellä huitomalla ja muita *salaliittoteoreetikoksi* kutsumalla ei sen vastapuolen argumentteja tarvitse huomioida lainkaan ja ne omaa kantaa puolustavat asiat muuttuvat järkkymättömiksi faktoiksi. Tämä on myös tärkeä osa sitä virallista tarinaa - puolustusmekanismi, jota kuka tahansa osaa käyttää tänä päivänä jo hyväksi kumotessaan argumentteja, joita ei esitetty illan pääuutisissa. Virallisen tarinan mukaan maailma onkin vain täynnä sattumia ja hulluja salaliittoteorioita, joten älä missään vaiheessa kiinnitä huomiota niihin lukemattomiin miljardeihin euroihin, joita eri maiden tiedustelupalvelut käyttävät vuosittain salaiseen toimintaansa.

Vaikuttaakin siltä, että tätä kirjaa kirjoitettaessa (syksyllä 2020) virallisen tarinan puolustus on laittamassa ison vaihteen päälle ja jokainen media vuorotellen tuo oman versionsa tarinasta "näin hullut salaliittoteoreetikot pilaavat maailman" kansan ihmeteltäväksi. Miksi? Koska entistä useammat ovat alkaneet kyseenalaistamaan sitä virallista tarinaa ja rakentamaan omaa todellisuuttaan aivan muihin tarinoihin perustuen. Voisi kuvitella, että paras vaihtoehto jokaiselle olisi muodostaa oma todellisuus totuuteen perustuen, mutta käytännössä emme usein edes tiedä mikä tarina on totta ja mikä satua, jolloin se todellisuuden muodostaminen on kovin haastavaa. Ja kun päälle sotketaan vielä niiden tarinoiden kaikki mahdolliset tulkinnat, johan on pienellä ihmisellä pakka sekaisin...

Itse termi "salaliittoteoreetikko" on myös propagandan tuotosta vuosien takaa. Termi ilmaantui mediaan pian sen jälkeen, kun aikaisemmin mainittu dokumentti "1035-960" oli julkaistu ja otettu käyttöön. Itse paperissa se sana "salaliittoteoreetikko" tosin mainitaan, mutta eipä ne käskyjen antajat ole samoja jotka sitä itse propagandaa tekevät. Virallisen tarinan mukaan on kuitenkin täysi sattuma, että juuri JFK:n salamurhan jälkeen kaikki salaliitoista puhuvat on leimattu vähintäänkin hulluiksi vaikka kyseisessä dokumentissa pohditaan niitä keinoja, joilla saataisiin epäilevät Tuomaat hiljaiseksi.

Tarinoiden tulkintaa

Virallista tarinaa tulkitsevat tietenkin vain ne viralliset tahot, eli auktoriteetit. Joiltain osin olemme palanneet aikaan, jolloin vain papisto osasi lukea Raamattua ja kansalla ei ollut hajuakaan mitä sielä kirjassa oikeasti edes luki. Tieteen tulkinta onkin moderni versio tästä samasta ilmiöstä, missä ainoastaan ne tietyt tahot ovat oikeutettuja tulkitsemaan niitä pyhiä tekstejä vaikka tällä kertaa kansa osaisikin ainakin pääosin lukea mitä sielä paperilla seisoo.

Propagandaa siis tehdään esimerkiksi tähän tapaan: vain tietyt tahot ovat oikeutettuja kertomaan kansalle asioita ja ovat se "luotettava taho", auktoriteetti. Tämä luotettava taho kutsuu sitten korkeampia auktoriteetteja tulkitsemaan kansalle, mitä on juuri saatu selville. Kyllä, suuri osa tieteellisistä tutkimuksista on semmoista kielenkäyttöä, ettei siitä tavallinen ihminen saa selvää parhaalla tahdollakaan, mutta tästä voidaan kyllä osa vastuusta sälyttää niille tiedemiehille, jotka pönkittävät asemaansa käyttäen omaa "pyhää" kieltään sen sijaan että kansantajuisesti kertoisivat löydöistään. Asiantuntijoiden käyttö on toki ymmärrettävää, koska kaikki eivät tietenkään voi kaikesta tietää riittävästi että kykenisivät tulkitsemaan tutkimuksia itsenäisesti. Mutta kun vallanpitäjät kiikuttavat omat tulkkinsa kertomaan omaan mediaansa miten kansan tulee ymmärtää se tarkasti kaikkien muiden joukosta valikoitu tutkimus, sitä voidaan kutsua propagandaksi hyvissä mielin.

Samaa tarinoiden tulkintaa toki tapahtuu kaikkialla, missä tietoa vaihdetaan ihmisten välillä. Esimerkiksi tämäkin kirja on "vain" tulkinta niistä useista hyllymetreistä propagandaa ja psykologisia operaatioita mitä vuosien saatossa on tullut koluttua läpi. Vastuu on siis lukijalla ja kädet siitä vastuusta on helppo pestä sanomalla vaikkapa: "älä usko mitä sanon, vaan tutki mitä sanon". Jokainen voi tietenkin itse lähteä asiaa juurta jaksaen selvittämään, mutta oikeasti, kenellä on aikaa ja mielenkiintoa kaluta kaikki se materiaali läpi vain saadakseen tietää, että hittolainen - meitä viedään kuin litran mittaa? Ihmisten kyky yhteistyöhön kun on ollut se syy lajimme kukoistukseen. Yksi tietää yhdestä ja toinen toisesta asiasta - tarinoita kertomalla voimme sitten jakaa ja yhdistää tietomme ja näin kehittyä niin yksilönä kuin kansakuntana.

Siksi onkin niin ensiarvoisen tärkeää, että se tarinoita tulkitseva taho on rehellinen tulkinnassaan, eikä vain yritä kertoa sodan olevan rauhaa, omaksi edukseen. Jokainen saa toki itselleen valehdella kuinka lystää, mutta tulkitessaan tarinoita muille se vastuu on niin tulkilla kuin kuulijalla. Kuinka sitten löytää ne luotettavat ja rehelliset tulkit? Luoja tietää, jos sekään, koska emme voi usein tietää miksi kukin tekee mitä tekee. Ala-asteella opettajani valitteli, että Ojala menee yli aina siitä mistä aita on matalin, mutta muistelen protestoineeni väitettä etsimällä mieluiten sen portin - kun ei valehtele niin ei tarvitse muistaa mitä on kenellekin kertonut, eli vähim-mällä vaivalla selviää kun kertoo sen mitä tietää ja mihin uskoo. Toki muisti voi tehdä omat temppunsa, mutta se on taas tarina erikseen...

No kenen pitäisi ne tarinat tulkita? Olisko vaikka jokaisen ihan itse.

...

Kumpi siis on tärkeämpi, tarina vai sen tulkinta? Molemmat yhdessä muodostavat sen henkilökohtaisen todellisuuden jossa meistä jokainen elää, mutta tapauksesta riippuen toisella saattaa olla suurempi merkitys. Virallinen tarina on se yhteinen auktoriteettien kertoma todellisuus, mutta ei välttämättä kaikkien hyväksymä todellisuus. Ja miksi korjata jotain joka toimii niin hyvin kuten tarinat toimivat minkä tahansa tiedon eteenpäin välityksessä?

Ja aina on hyvä myös muistaa että *ei saa antaa faktojen pilata hyvää tarinaa!*

NELJÄS KAPPALE

Alusta ratkaisee propagandan muodon

Miten propaganda toimii eri alustoilla?

Kuten arvata saattaa, tehdään propagandaa kovin eri tavalla radiossa kuin vaikkapa lentolehtisiä suunnitellessa. Jokaiselle eri alustalle tarvitaan omat asiantuntijansa tekemään sitä propagandaa, koska yhteisten/yleisten propagandan keinojen lisäksi jokaisella alustalla on omat hienoutensa mutta ennen kaikkea rajoitteensa. Graafikosta ei ole paljoa hyötyä radiossa, eikä mahtava ääni auta sanomalehteen kirjoitettaessa.

Rajoittuneimman propagandan alustan tittelia keinojen suhteen pitänee pelkkää ääntä käyttävä radio. Kaikkien kuultavaksi lähetetään ääntä ja toivotaan että joku virittää vastaanottimensa juuri sille taajuudella, juuri siihen aikaan. Hieman vuorovaikutusta on mahdollista saada aikaiseksi ottamalla joko puhelimen tai netin kautta yleisöä osallistumaan lähetykseen, mutta pääosin kyseessä on yksisuuntainen media. Yksisuuntainen ja yksinkertainen, samalla kuitenkin toimivaksi todettu ja erittäin luotettavana tietolähteenä pidetty radio omaa kuitenkin etenkin yhdellä osa-alueella muihin medioihin selvän edun - "taustamelu". Moni myös kääntyy uutisia kuunnellessaan tuttuun ja turvalliseen radioon, etenkin autoa ajaessaan.

Musiikilla on suuri vaikutus ihmisten elämään ja radio on musiikin levityksessä edelleenkin suuri peluri mediakentällä. Radiosoittoon päästessään artistin kappale täyttää ne aallot ja missä tahansa julkisissa paikoissa liikkuessaan tulee päivän mittaan törmäämään siihen sen hetken kuumimpaan musiikkiin, jota halutaan syystä tai toisesta kansalle tyrkyttää. Musiikissa, samoin kuin kaikissa muissakin asioissa, toistojen määrä vaikuttaa asian luotettavuuteen ja haluttavuuteen. Kyllä, jos jokin kappale ärsyttää, se tuntuu soivan joka tuutissa jatkuvalla syötöllä ja tekee mieli heittää radio järveen, mutta suuri osa musiikista kuulostaa sitä paremmalta, mitä useammin sen kuulee. Yksinkertaista markkinointia artistille, levylle ja tietenkin niistä kaikista hyötyville tahoille - siis propagandaa, jolla halutaan juuri sinun kuluttavan rahaasi haluttuun asiaan.

Juontaja ja hänen äänensä yhdistettynä persoonaansa joko tekee tai rikkoo koko illuusion miellyttävästä taustamelusta. Joitain juontajia ei vaan kertakaikkiaan kykene kuuntelemaan, siinä kun toinen saattaa saada normaalia enemmän huomiostasi lirkutellessaan korvaasi suloisia sanojaan. Se sama tuttu ja turvallinen ääni kertoessaan niitä uutisiaan on tietenkin luotettava tiedonlähde, koska eihän se oma suosikkisi valehtelisi sinulle tuolla tavalla? Ei tietenkään valehtelisi, toistaa vaan mitä käsketään ottamatta suuremmin kantaa siihen mitä on käsketty sanoa. Kenen leipää syöt, sen lauluja laulat, kuten sanotaan.

46

Askel modernimpaan suuntaan radiosta ovat podcastit, eli netissä jaettavat radio-ohjelmat joiden kuuntelun ajankohdan voi kuulija itse vapaasti valita, tietenkin esityksensä jälkeen tai suorana lähetyksenä sen aikana. Sekä juontaja että aihe ratkaisevat kuulijansa, koska kyseessä ei ole enää missä tahansa soitettava media kuten radio. Kuulijakunta on siis rajallisempi, mutta tämä ei ole propagandan kannalta lainkaan huono asia - mitä tarkemmin viesti kyetään kohdentamaan yleisön makuun, sen tehokkaammin se toimii.

Podcastin juontajia, samoin kuin myöhemmin esiteltyjä muita netissä toimivia tahoja kutsutaan usein **vaikuttajiksi**. Nämä verkostojen solmukohdat ovat modernin propagandan yksi tärkeimmistä osista, koska vaikuttajiin vaikuttamalla saadaan heidän kohde-yleisöihinsä huomattavasti vahvempi ote kuin millään muulla keinolla. Miksi? Koska se tuttu ja turvallinen vaikuttaja on monelle suuri kiinnostuksen ja jopa palvonnan kohde, joka ei tietenkään tee koskaan mitään väärin ja hänen sanansa ovat juoksevaa kultaa! Mutta palataan verkkovaikuttamiseen hetken kuluttua takaisin.

Radion kanssa tiukkaa kisaa pitää yllä kirjoitettua sanan säilää joko paperille tai nettiin asti käyttävät propagandistit. Samoja sanoja toki käytetään kuin pelkkää ääntä ulos tuuttaavassa radiossa, mutta valtaosa ihmisistä ovat erittäin visuaalisia, eli näkemäänsä keskittyviä. Äänessä on toki etuna kirjoitettuun sanaan se, että painotus eri sanojen suhteen onnistuu äänellä mutta kirjoitettuna hieman huonommin.

Sarkasmi ei näy fontissa, sanotaan, ja nämä ihmisen kommunikoinnin hienoudet vaativatkin paljon enemmän tarkkuutta siinä sanojen valinnassa, koska äänen painolla ei voida antaa niitä vivahteita.

Pelkkään kirjoitettuun sanaan luottava media onkin kuihtumassa pois, mikä on mielestäni sääli. Eikä sääli pelkästään sen vuoksi, että itse lähes yksinomaan käytän pelkkää tekstiä välineenäni, vaan siksi että kirjoitettu sana antaa täysin eri vaihtoehtoja sen sanoman suhteen. Kirjoitettua sanaa voi lukea rauhassa tai harppoa kappale toisensa jälkeen yli jos ei aihe kiinnosta, tai palata samaan kohtaan kerta toisensa jälkeen ja jäädä pohtimaan asiaa tarkemmin. Samalla myös sitä tekstiä tuottaessa voi, jos niin haluaa, käyttää aikaansa rauhassa saadakseen ne sanat juuri haluttuun järjestykseen... tai hakata menemään tukka putkella, virheistä välittämättä.

Mutta mikä ei ole kuihtumassa pois, päinvastoin, on sen kirjoitetun sanan yhdistäminen kuviin. Kun uutisia lukiessasi netissä vastaan tulee artikkeli, luetko ensin otsikon vai katsot kuvituskuvan? Näistä yhdessä muodostetaan jo valmis asenne siihen tulevaan tietoon. Toki pelkällä otsikolla saadaan samankaltainen vaikutus, mutta yhdistämällä tarkkaan valittu kuva siihen artikkeliin, voidaan se pian eteen aukeneva materiaali virittää halutulla tavalla lukijalleen. Monelle se "uutinen" jää kuitenkin siihen otsikon ja kuvituskuvan harteille, koska siinähän se kaikki oleellinen tieto jo kerrottiinkin?

Staattinen kuva joko tapahtumasta itsestään tai vaan pelkkä kuvituskuva saa mielikuvituksen laukkaamaan. Kuva kertoo enemmän kuin tuhat sanaa ja kuvaan voidaan helposti piilottaa sanomaa myös symbolien muodossa. Lisäämällä kuvituskuvaksi vaikkapa jonkin "pahana" pidetyn ryhmittymän näkyviä tunnuksia, vaikka se ei itse asiaan liittyisi millään tavalla, voidaan koko asia leimata kertaheitolla. Entä jos kuvassa on lapsi, tai vielä tehokkaammin kärsivältä näyttävä lapsi? Haluttua tunnelmaa siihen juttuun voidaan kuvien ja symboliikan avulla virittää melkoinen määrä ja mikä parasta propagandan tekijälle, se propaganda menee usein läpi kuin huomaamatta. Toistuvat symbolit tai teemat lisäävät uskottavuutta ja luotettavuutta, joten siitä syystä kaikkeen mahdolliseen koetetaan ne ajan henkeen kuuluvat kuvaelementit lisätä.

Paikallaan olevaa kuvaa askelta monipuolisempi alusta onkin liikkuva kuva, äänen ja mahdollisesti vielä tekstin kera. On se sitten puhetta pitävä henkilö sielä esityslavalla, näyttelijä teatterissa tai television uutisten lukija, saadaan yhdistelmällä luotua parhaassa tapauksessa todella vaikuttava ja lumoava esitys. Propaganda henkilöityy siihen esittäjään, jonka ei tietenkään tarvitse itse edes ymmärtää toimiensa vaikutusta - riittää, että propagandistit ovat tehneet käsikirjoituksen ja antaneet oikeat neuvot "puhuvalle päälle". Ilmeet, eleet, äänen paino ja koko esiintyminen vaikuttavat suuresti lopputulokseen ja siksi hyvät esiintyjät ovat edelleenkin painonsa arvoisia kultaa propagandassa. Esitys voikin korjata huonosti tehdyn propagandan mutta paraskaan propaganda ei uppoa jos

49

se esitys menee pieleen. Ei siis ihme, että monet "suuret johtajat" käyvät opettelemassa esiintymistä niin koulussa kuin kursseilla, tai omaavat jopa oman seurueensa alan ammattilaisia.

Osa näistä propagandistien ja esiintyjien ongelmista katoaa, kun siirrytään televisioon ja elokuviin joissa esitys on nauhoite eikä suora esiintyminen. Koko esiintyminen voidaan ottaa uusiksi niin monasti kuin on tarvetta tai editointipöydällä säätää sanoma kunnolla iskuun. Lisätään vielä vähän erikoistehosteita tai mikäettei luodaan koko propagandapläjäys kokonaan tietokoneella - vain taivas on rajana. Katsoja ei voi koskaan tietää mikä on totta ja mikä keinotekoisesti luotua, mutta nähdessään sen esityksen televisiossa tai elokuvissa, esitys on sille ihmismielelle todellinen näkymä kuin ikkunasta ulos katsottaessa. Kyllä, voidaan sitä uskotella toki itselle että "tämä on vain elokuvaa, ei totta", mutta se mieli ei tätä taida kuitenkaan joka tasolla ymmärtää. Siksi viihdettä käytetään entistä enemmän propagandan välineenä.

Kun se oma suosikkijuontaja, näyttelijä tai mikälie muu esiintyjä kertoo jotain sielä ruudulla, eihän sitä voi olla uskomatta. Siksi vähintään yhtä tärkeää kuin se kerrottu tarina, ovatkin ne henkilöt, idolit, joita kansa seuraa. Ruudussa näkyvä palvonnan tai ihailun kohde on tietenkin ihminen ja hänen elämänsä on niiiin tärkeä, että jokainen suuri asia heidän elämässään on kerrottava myös sille yleisölle! Mikä siis siitä suosikkisarjasi lempinäyttelijästä luodaan? *Vaikuttaja.*

Modernin propagandan, ainakin tällä hetkellä, kuumin juttu ovat **vaikuttajat**. Podcastin juontajat, tubettajat, insta-starat ja mitä niitä onkaan - moni tahtoo päästä julkkikseksi. Ja jo valmiina julkisuudessa olevat hyötyvät suuresti siitä, että he tulevat lähemmäksi yleisöään ja esittelevät itseään ja elämäänsä kaikelle kansalle. Nämä "täydestä tuntemattomuudesta" nousseet uudet julkkikset ovatkin yhteiskuntamme keino nostaa jalustalle niitä, joita halutaan kansan niin ihailevan kuin myös *kuuntelevan*. Osa näistä vaikuttajista on luonut itse oman brändinsä ja kovalla työllä noussut kansan tietoisuuteen, mutta ne todelliset vaikuttajat, vallanpitäjät, ovat myös huomanneet jo hyvissä ajoin mihin suuntaan maailma on menossa.

Siinä kun entistä harvempi lukee lehtiä, kuuntelee radiota tai edes katsoo televisiota, kansa suuntaa nykyään nettiin lukemaan, kuuntelemaan ja katsomaan juuri itselle sopivaa materiaalia juuri silloin kuin se itselle sopii. Ja näihin haasteisiin ei ns. "vanha media" kykene kunnolla vastaamaan. Mutta juuri tähän markkinarakoon ne *vaikuttajat* kykenevät tarttumaan kiinni ja pienellä avustuksella ja ohjauksella heistä saadaankin tehokkaampia propagandan välineitä kuin mikään tätä ennen.

Mutta samanlaisia henkilöitä ja tärkeitä persoonia on ollut maailman laidalla lukemattomia, joten miksi muka nämä tubessa häröilevät tyypit olisivat muka se propagandan evoluution viimeisin askel? Vuorovaikutus sen yleisön ja vaikuttajan välillä on se suuri ero. Ei sille television tutulle juontajalle huutaminen auta ruudun kautta mitään, mutta kun sijoitat muutaman euron rahaa, saat oman viestisi näkyville sinne oman suosikkisi ohjelmaan ja hän vielä vastaa kysymykseesi! Vähänkö makeeta! Palveluntarjoaja kuittaa siitä lahjoituksesta oman lohkonsa, mutta kykenit omalla toiminnallasi suoraan tukemaan sitä vaikuttajan työtä. Näin siis pinnalla ja kaikkien nähtävissä, mutta se propagandan taika tapahtuu paljon syvemmällä ja enemmistölle piilossa.

Alustat, joilla nämä vaikuttajat toimivat ovat pääosin suuryrityksiä, jotka kykenevät käsittelemään valtavia määriä tietoa ja tallentamaan kaiken mahdollisen siitä yleisöstä siinä samalla. Sanotaan, että henkilökohtaiset tiedot ovat öljyä arvokkaampi resurssi, koska niillä henkilökohtaisilla tiedoilla joita sinusta kerätään, voidaan tehdä täysin yksilöityä ja kohdennettua propagandaa juuri *sinua itseäsi varten*. Ja miksi tähän tarvitaan niitä vaikuttajia? He ovat niitä solmukohtia siinä valtavassa ihmismassan **verkostossa,** missä se yksilö ei ole millään tavalla merkityksellinen, mutta hänen profiilinsa ja yhteytensä muuhun maailmaan ovat arvokkaita. Yksi kuluttaja ei ketään kiinnosta, mutta miljoona samalla tavalla ajattelevaa on mitä mainioin resurssi propagandan suhteen. Syötetään siis haluttuun solmukohtaan haluttu sanoma ja se propaganda leviää suureen osaan sitä verkostoa - ilman, että sanomaa kyseenalaistetaan koska sehän tuli siltä tutulta ja turvalliselta vaikuttajalta, joka just viime lähetyksessä luki juuri sinun lähettämän viestin ääneen!

Osoittaaksesi kuuluvasi siihen sisäpiiriin, on sinun tietenkin omistettava tietyt asiat, oltava tietyistä asioista tiettyä mieltä ja vapaaehtoisesti vielä puolustettava sitä omaa ryhmääsi kaikilta ulkoisilta uhilta. Autuaan tietämättömänä, että se vaikuttaja saattaa olla vain yksi osa suurta konsernia, joka jokunen vuosi sitten joutui tyytymään postissa julkaistuun katalogiin jonka laitoit heti roskikseen. Suurin osa vaikuttajien propagandasta meneekin mainonnan ja markkinoinnin puolelle, minkä vuoksi "kaupallista yhteistyötä" ei yleensä edes lasketa propagandaksi vaikka se sitä onkin.

Voitaisiin sanoa, että suurin rajaava asia propagandassa onkin usein se, kuinka paljon resursseja on käytettävissä sen oman sanoman levittämiseen. Eri alustoihin joudutaan sijoittamaan eri määrä panoksia että saadaan aikaiseksi sama tulos. Mutta yhdistämällä useita eri alustoja, useita eri keinoja, saadaan se oma propaganda levitettyä sille halutulle kohdeyleisölle. Jokaisella alustalla on omat vahvuutensa ja omat heikkoutensa, minkä vuoksi ei niitä munia kannata yhdessä korissa säilyttää - ja tämä on kyllä ollut jo pitkään tiedossa. Taitavasti tehty propaganda yhdistää ne eri keinot toisiinsa, häivyttäen ne heikkoudet ja ottaen täyden hyödyn niistä vahvuuksista.

Miten propaganda siis toimii eri alustoilla? Oikein hyvin, kiitos kysymästä!

VIIDES KAPPALE

Propagandan keinot tutuksi

*Mitä eri keinoja propagandassa käytetään?
Kuinka helppoa on huomata käytetyt keinot?
Voiko propagandaa vastaan saada immuniteetin?*

Institute for Propaganda Analysis, eli Propaganda-analyysi-instituutti, IPA, määritteli perustumisensa (1937) jälkeen seitsemän propagandan perusvälinettä. Ne ovat:

1. Nimittely
2. Kimalteleva yleistys
3. Siirräntä
4. Todistus
5. "Tavallinen kansa"
6. Korttien pinoaminen
7. Kelkkaan hyppääminen

Lyhyesti selitettynä **nimittelyssä** yhdistetään kohde johonkin paheksuttavaan asiaan, eli haukutaan fasistiksi, rasistiksi, kommariksi tai salaliittoteoreetikoksi. **Kimaltelevassa yleistyksessä** taas tehdään päinvastainen kuin nimittelyssä, eli yhdistetään kohde johonkin yleisesti positiiviseen asiaan kuten oikeamielisyys, demokratia, tiede, sivistys tai turvallisuus. Vertaamalla johonkin aikaisempaan merkkihenkilöön, asiaan tai tapahtumaan tehdään **siirräntä** haluttujen asioiden välillä, eli esimerkiksi suuresta johtajasta annetaan mielikuva entistä suurempana vertaamalla heitä keskenään. "Asiantuntijat sanovat, että..." on **todistamista**, mutta "Koko kansan ... " pelaa "**tavallinen kansa**"-kortin. Kort- eista puheenollen, **korttien pinoaminen** on sitä, että näytetään/kerrotaan vain positiiviset asiat ja jätetään ne negatiiviset asiat kertomatta. Ja **kelkkaan hyp- pääminen** vetoaa ihmisten haluun pysyä voittajien matkassa, koska niin kaikki siistit tyypit tekevät!

No mutta sehän kävi helposti, nyt on propaganda hallussa joten miksi ei tätä kerrottu heti kirjan alkuun ja oltaisiin säästetty paljon paperia?! Propagandasta on tehty runsaasti propagandaa samasta syystä kuin miksi koulussa ei opeteta kuinka vallanpitäjät voitaisiin kaataa. Eli joku hyötyy siitä ettei asiaa kerrota kunnolla. Siitä päästäänkin vauhtiin puhuttaessa niistä lukemattomista propagandan keinoista.

Kun jostain asiasta kerrotaan virheellisesti tai puut- teellisesti, sitä kutsutaan **misinformaatioksi**, eli vääräksi tai virheelliseksi tiedoksi. Tämä voi johtua lukemattomista eri asioista aina inhimillisestä ereh- dyksestä puhtaasti puutteelliseen tietoon. Saavut- taessaan kohteensa tämä tieto ei siis kerro totuutta asiasta, mutta misinformaatiota ei suoraan voida pitää propagandana, koska propagandassa merkityksellistä on tarkoitus sille sanomalle. Kun siis Wikipedia ja lukemattomat muut lähteet kertovat propagandasta tuon alun mukaisesti hyvin suppean version, kirjoittaja ei välttämättä ole edes tietoinen mitä siinä samalla jää kertomatta - tätä voidaan siis pitää *misinformaationa*.

Mutta jos asioista kerrotaan tahallaan väärin tai jätetään tietyt osat kertomatta, kyseessä on **disinformaatiota**, eli tämä uusi hieno sana jota vastuullinen media käyttää kaikesta siitä, minkä kanssa se on eri mieltä. Virallisen tarinan vastainen tieto on siis disinformaatiota, vaikka se monessa tapauksessa on korkeintaan misinformaatiota. Kaikki disinformaatio on siis misinformaatiota, mutta kaikki misinformaatio ei ole disinformaatiota. Disinformaatio on siis propagandaa "puhtaimmillaan", eli tietoisesti ja tahallaan levitettävää virheellistä tietoa. Disinformaation kertoja ei välttämättä tiedä mikä olisi se totuus asiasta, mutta on kuitenkin tietoinen oman sanomansa olevan virheellistä. Yleisin tapa käyttää sanaa *disinformaatio* on kuitenkin vastapuolen *nimittelyssä*, eli siinähän käytetään propagandan keinoja oikean argumentoinnin sijaan!

Kolmantena tiedon tyyppinä mainittakoon vielä **malinformaatio**, alkuliite englannin sanasta "malicious", pahantahtoinen. Toiselta nimeltään tätä voidaan kutsua "ikäväksi totuudeksi", mutta siinä paljastuisi se seikka, että kyseinen tieto ei olekaan misinformaatiota vaan pääpiirteittään totta. Kun siis ne vallanpitäjät, jotka tahallaan haluavat piilotella propagandaansa ja kuinka se toimii, lukevat tätä kirjaa, he voivat tätä nimitellä (oikeaoppisesti) malinformaatioksi tai tietenkin laiskuuttaan vaan disinformaatioksi. Yksinkertainen esimerkki malinformaatiosta on nostaa esille henkilön historiasta vaikkapa nykypäivänä merkityksetön huumetuomio tai muu rikos, jota sitten käytetään henkilön maineen lokaamisessa ja sanoman halventamisessa. Asiaan liittymättömien mutta negatiivisten asioiden, kuten henkilötaustan, kaiveleminen ja esilletuonti halventaakseen tai vähätelläkseen jonkun sanomisia on nykypäivänä kovin tyypillinen ja joidenkin mukaan jopa hyväksyttävä tapa "keskustella" ja "esittää asiansa", mutta argumentointivirheen lisäksi se on malinformaatiota. Ei siis pelkkä ikävä ikävä totuus vaan vahingoittamiseen tarkoitettua tietoa - *malinformaatiota*.

Jos tuota alun "virallista" listaa katsoo, voi huomata että sehän käy lähes yksi yhteen joidenkin argumentointivirheiden kanssa. Yksinkertaisimmillaan propaganda onkin vain argumentointivirheitä, mutta propagandan yksinkertaistaminen moiseksi on vaarallista jo pelkästään siitä syystä, että ihmiset saattavat luulla kykenevänsä tunnistamaan helposti propagandan ja täten olevansa immuuneja sille. Jätetään kuitenkin tämä kaltevan pinnan argumentti tähän ja tutkitaan hieman muitakin keinoja joita propagandistit käyttävät hyväkseen. Lista ei tietenkään ole kaiken kattava, mutta antaa hieman kuvaa niistä lukemattomista tavoista kuinka meitä kustaan silmään (ja samalla kerrotaan, että se on vain sadetta).

Virittäminen

Aloitetaan virittämisestä, jota tarvitaan että nimittely tai kimalteleva yleistys edes toimisi. Niin sanoille kuin asioille on ajan kuluessa luotu joko positiivisia tai negatiivisia mielleyhtymiä. Psykologiasta puhuttaessa käytetään englanniksi termiä "priming", joka tarkoittaa sekä sanana kuin ilmiönä hyvin samaa asiaa kuin propagandassa - yleisön virittäminen haluttuun tilaan. Sopivasti viritettynä ihminen kykenee omaksumaan huomattavasti tavallista nopeammin/tehokkaammin annettua tietoa. Yksinkertaisimmillaan ketjuttamalla samankaltaisia asioita peräkkäin kyetään vauhtia kasvattamaan huomattavasti - sininen, punainen, vihreä, keltainen... värejä peräkkäin, helppo homma. Laitetaan vielä pitempi ketju samankaltaisia sanoja, neuvotaan keskittymään juuri siihen ja sekoitetaan etukäteen kertomatta mukaan pieni poikkeama - ja virhe jää valtaosalta huomaamatta. Eri tapoja virittää ja käyttää viritystä hyväksi onkin lukemattomasti, joten ei niistä enempää.

Mutta propagandassa virittämistä voidaan tehdä paljon monipuolisemmin, tosin samalla täysin yhtä helposti ja tehokkaasti kuin ketjuttamalla sanoja toisiinsa miten psykologisissa kokeissa tehtiin. Se *virallinen tarina* kun on yksi iso virityssarja, jota voidaan helposti hyödyntää käyttämällä niitä jo olemassa olevia virityksiä. Taitava propagandisti omaakin runsaasti eri vaihtoehtoisia viritelmiä myydäkseen oman tarinansa halutulla tavalla. Vaihtoehtoisesti taas pitäytymällä niissä paljon toistetuissa virityksissä, voidaan sanomalle antaa

58

enemmän painoa. Jos siis näet mediassa kaikkien lähteiden käyttävän lähestulkoon samoja termejä sekä symboleja, viritetään koko kansaa johonkin tiettyyn asiaan.

Virittämistä voidaan tehdä joko lyhyellä tai pitkällä aikavälillä. Lyhyttä virittämistä tehdään usein yksittäisen jutun tasolla, eli yksinkertaisimmillaan artikkelin aloituskuvan ja otsikon avulla - tunteisiin vetoava kuva ja siihen sopiva otsikko virittää yleisönsä pääosin haluttuun tilaan. Usein onkin nähtävissä, että sisältö ei täsmää annettuun aloitukseen, mutta suurimmalle osalle se haluttu reaktio kuitenkin tapahtui ja sisältö nähdään halutussa valossa. Virittämistä tapahtuu lähes joka tapauksessa, mutta osalle se viritys tekee päinvastaisen latauksen: "taas tuommoinen säälihakuinen lässytys, ei sympatiaa moiselle!" Pitkän aikavälin viritystä taas nähdään usein liitoksissa poliittisiin agendoihin. Vastapuolen leimaamista ja yhdistämistä kaikkeen pahaan, samalla kun ne hyvikset yhdistetään positiivisiin asioihin. Päivästä toiseen samat asiat esitetään samassa, ennalta päätetyssä, valossa ja hitaasti sinne yleisöön vahvistuu se mielikuva tiettyjen asioiden positiivisuudesta ja toisten asioiden negatiivisuudesta. Ei siis tarvitse ihmetellä, jos samat teemat ja samat nimet (niin maiden kuin henkilöiden) löytävät tiensä lähes jokaiseen uutiseen - sinua viritetään näkemään halutut asiat halutussa valossa jo ennen kuin itse uutisen sisältö aukenee.

Otetaan vielä yksi pikkiriikkinen esimerkki virittämisestä - huomasitko kirjan alussa olevan saksankielisen lainauksen? Englanniksi tämä sama olisi: "Sometimes people don't want to hear the truth because they don't want their illusions destroyed.", eli joskus ihmiset eivät halua kuulla totuutta koska eivät halua illuusionsa tuhoutuvan. Miksi kyseinen lainaus, saatat ihmetellä? Ensiksi, netissä sen usein väitetään olevan suora lainaus mitä Friedrich Nietzsche sanoi, mutta tämä ei pidä paikkansa. Älä siis luota suoraan siihen, että jotain asiaa toistetaan koska se ei tee siitä totta. Toisekseen, vain havaittu propaganda toimii, eli alun viritys menee aivan hukkaan niiden osalta, jotka eivät osaa saksaa riittävästi (tai guuglaa sitä itse). Osa saattoi hypätä kohdan yli kokonaan mutta osa niin luki kuin ymmärsi sanoman - ja viritti itsensä omaan arvomaailmaansa nähden itselle oikealla tavalla. Tässä päästäänkin näihin aiheen hienouksiin kiinni - ennakolta en voi tietenkään tietää, mitä juuri sinä, hyvä lukija, ajattelet kyseisestä sanonnasta. Millä tavalla se sanoma resonoi omaan arvomaailmaasi, mitä ajatuksia se juuri sinussa aiheuttaa? Mutta osaan ennakoida, perustuen aikaisempaan kokemukseen, miten eri ihmisryhmät reagoivat kun puhutaan totuudesta ja illuusiosta. Ja perustuen tähän tietoon, valitsin juuri kyseiset sanat, juuri kyseiseen paikkaan. Jännityksen lisäämiseksi, mistä lisää ennen kuin saat viritykseen vastauksen, kerronkin kertovani tästä virityksestä lisää jossain vaiheessa ennen kirjan päättymistä.

Kieputtaminen

Kieputtamista, eli lontooksi "spin" ja finglishinä spinnausta tekevät henkilöt, joita englanniksi kutsutaan nimellä "Spin Doctor" tai "Spinmeister" ja sanakirjan mukaan suomen vastineet ovat lobbari, imagokonsultti ja julkisuuskuvankiillottaja. Korttien pinoaminen on lähelle samaa tarkoittava asia, eli näytetään vain hyvät puolet ja piilotetaan ne huonot. Mutta kieputtaessa ei tyydytä vain näyttämään niitä hyviä puolia, vaan kerrotaan sodan olevan rauhaa ja paskan kultaa.

Mitä enemmän aikaa medialla on kieputtaa aihetta, sitä tarkemmin se saadaan täsmäämään viralliseen tarinaan. Siksi kun jotain suurta ja odottamatonta tapahtuu, ensimmäiset uutiset aiheesta voivat poiketa sanomaltaan suuresti siitä, miten myöhemmin asia esitetään. Faktat eivät ole muuttuneet, mutta haluttu tarina pitää kieputtaa sopivalla tavalla että kaikki aiheeseen liittyvät viritykset saadaan otettua mukaan. Siksi medialla on tapana kirjoittaa valmiiksi artikkeleita tapahtumista, joissa on hyvin rajattu määrä vaihtoehtoja - kaikki vaihtoehdot käydään läpi ja kieputetaan valmiiksi, jonka jälkeen odotetaan tapahtumaa ja julkaistaan valmis artikkeli korjattuna niillä pienillä yksityiskohdilla joita ei ennakolta tiedetty. Tai ainakaan olisi pitänyt tietää...

Kun uutistoimistolta, jonka uutisia sitten jokainen media papukaijan tavalla toistaa, lähtee uutinen liikkeelle, sitä ei vielä välttämättä ole kieputettu valmiiksi. Jokainen median kanava saa siis itse valita omalle yleisölleen oikean tavan kieputtaa se tarina sopivaksi. Toki jokainen tietää ne virallisen tarinan vaatimukset, joten suuresti poikkeavia uutisia ei yhdestäkään "luotettavasta mediasta" kannata lähteä etsimään.

Mutta jos uutisia ei kieputettaisi, lukisiko niitä kukaan? Kovin tylsää luettavaa ne uutiset toki olisivat, jos niiden luiden päälle ei laitettaisi yhtään lihaa. Voidaan siis väittää, että jonkin verran kieputusta kuuluu osaksi journalismia, että niissä jutuissa on elämää mukana. Ongelma, jos sitä sellaisena pitää, tulee kuitenkin siinä, kun yleisölle ei missään vaiheessa kerrota mitkä ovat ne muuttumattomat faktat aiheesta ja mikä osa on lisätty siinä kieputuksessa tarinaan. Valitaan ne halutut osat ja kerrotaan ne halutussa valossa - sitähän se journalismi on. Ja kun kieputusta tehdään ajamaan haluttuja asioita, se on viestintää kun me se tehdään ja propagandaa kun se tehtiin vastapuolen osalta väärin?

Tönäisy

Englanniksi "nudge", on yksi (oikein tehtynä) huomaamattomista keinoista vaikuttaa ihmisten toimintaan. Markkinoinnissa ja mainonnassa hyvin yleinen töniminen on löytänyt tiensä lukemattomille eri elämämme alueille ja valinta-arkkitehdit (engl "choice architect), tönäisyn ammattilaiset, löytävätkin töitä mistä tahansa, missä on ihmisiä joita halutaan ohjailla hienovaraisesti.

Ehkä kuuluisin esimerkki tönäisystä löytyy Amsterdamin lentokentän miesten vessasta - joku oli keksinyt maalata kärpäsiä miesten pisuaareihin. Tulos? 80% vähemmän roiskeita kun kaikki yrittävät sihdata suihkunsa näihin piirroksiin. Ei ole liioin lainkaan sattumaa, että kauppojen hyllyt ja niissä notkuva tavara on juuri niillä paikoillaan - valinta-arkkitehdit ohjailevat kuluttajien ostoskäyttäytymistä pakottamalla heidät tiettyjen hyllyrivien läpi kaupassa ollessaan. Kaikki hyvin suunnitellut modernit julkiset tilat ovat myös käyneet näiden arkkitehtien syynin lävitse ja näin massat soljuvat sujuvasti läpi aiheuttamatta tukkeutumia. Pienillä muutoksilla ja vihjauksilla, eli tönäisyillä, voidaan massoja siirrellä niin että he kuvittelevat itse tekevänsä päätöksiä vaikka todellisuudessa heidät johdateltiin kädestä pitäen "oikeaan ratkaisuun".

Ei siis ole ihme, että poliitikot ja muut julkisuuden henkilöt palkkaavat yhden jos toisenkin valinta-arkkitehdin hienosäätämään niin puheet kuin esiintymiset kuntoon. Obama aloitti 2008 palkkaamalla omansa, Cameron 2010 ja Merkel 2015, muutaman ison nimen mainitakseni. Näistä ainakin Merkelin ryhmä on onnistunut loistavasti, koska hänen esitystensä yleisö tuntuu olevan usein kuin hypnotisoituja ja ihastuksesta sekaisin kuinka loistava heidän suuri johtajansa onkaan. Tönimistä vai jotain muuta päälle, vaikea sanoa.

Behaviorismi on psykologian suuntaus, joka on suuresti vaikuttanut tönäisyjen käyttöön. Ihmisen käyttäytymisen tutkiminen onkin suosittu tieteen ala, sen lukemattomien käyttötarkoitusten vuoksi - joista tosin vain murto-osa voidaan laskea millään tavalla sen tavan kansan hyväksi.

Hienovaraista ja lähes näkymätöntä ohjailua ja taluttamista oikeaan suuntaan - tönäisyillä voidaan ohjata niin yksittäisiä ihmisiä kuin suuria joukkoja ilman, että he edes huomaavat tulleensa paimennetuksi. Toki on kaikkien etu, kun palvelut toimivat sujuvasti ja huomaamattomasti, mutta ohjailun syy harvemmin on se "yhteinen hyvä". Vai ovatko ne tuotteet siinä kaupan kassojen vierellä ihan sattumalta? Pikkupurtavaa, lehtiä, kirjoja ja muuta jonottamiseen sopivaa materiaalia kuin tilauksesta! *Tönäisy*, olkaa hyvä.

Hivuttaminen

Englanniksi termit "inching" sekä "gaslighting" kuvaavat hieman eri tapoja hivuttaa haluttua sanomaa. Inching, eli siirretään tuuma kerrallaan asiaa haluttuun suuntaan, tarkoittaa Overtonin ikkunan hidasta siirtämistä, hivuttamista, kohti uutta normaalia. Gaslighting, kaasuvalotus, taas on alkujaan saman nimisestä näytelmästä ja sittemmin elokuvasta, missä huoneiston kaasuvaloja säädettiin vähän kerrallaan ja väitettiin että mitään muutosta ei ollut tapahtunut täten ajaen sen ihmisen hulluksi. Eli molemmissa tapauksessa voidaan puhua hivuttamisesta, mutta hieman eri tarkoituksessa.

Overtonin ikkunaa hivutettaessa kohti sitä uutta haluttua normaalia yleinen tapa on tuoda mediassa esiin aluksi jokin yksittäistapaus joka esitetään paheksuen - liikutaan siis radikaalissa, mutta ei kuitenkaan ennenkuulumattomassa asiassa. Noh, ei mene aikaakaan kun joku hieman sympaattisempi hahmo, ehkäpä jopa julkkis, tekeekin tätä samaa radikaalia asiaa ja media ihan sattumalta esittääkin nyt saman mielenkiinnolla, mutta siltikin asenteella "onko tuo nyt ihan tosissaan?" jolloin se radikaali asia ei enää tunnu aivan yhtä radikaalilta. Ja jos joku julkkis sitä tekee, miksen minäki n!? Vähän kerrallaan voidaan siis yhteiskunnan arvoja hivuttaa kohti oikeastaan mitä tahansa, kunhan vain aikaa ja resursseja riittää. Overtonin ikkunaa ei kannata siirtää kertarysäyksellä uuteen normaaliin vaan sitä on hivutettava kaikessa rauhassa ettei vastustus kasva liiaksi.

Kaasuvalotus taas sopii tilanteisiin, jossa halutaan pitää kansa jännityksessä koettaen seurata sitä pienenpientä muutosta joka on täysin merkityksetön. Julkaistaan vaikka joka kuukausi gallup, joka kertoo juuri sen hetken puolueen kannatuksen! Nousee, nousee, tasassa, laskee, nousee, laskee, laskee ja ainavaan laskee-aaaapuuva! Hivutetaan jotain havaittavaa asiaa ees-taas tai vain yhteen suuntaan jos halutaan normalisoida jokin haluttu tila. Eihän se asia nyt niin huonosti ole, yksittäistapauksia vaan kertyy, ei niistä tarvitse murehtia lainkaan, kuvittelet vaan! Kuten alkuperäislähteessään, kaasuvalotuksella yritetään ajaa ihmiset hulluksi tai ainakin epävarmuuteen siitä, mikä on oikea asianlaita.

Hiljaa hyvä tulee ja hivuttamalla voidaan ajan kanssa saada merkittäviä muutoksia yhteiskuntaan. Katastrofilla voidaan oikeuttaa kertarysäyksellä suuria muutoksia, mutta muutoin asioita täytyy normalisoida jopa vuosikausia.

Kehystäminen

Hyvin samalla tavalla kuin Overtonin ikkunassa, kehystämisessä voidaan ajatella ruutua, ikkunaa jossa on kehykset, joka asetellaan tarkasti tapahtuman ja yleisön väliin. Mitään sieltä kehyksen ulkopuolelta ei näytetä ja kulma, mistä asiaa katsotaan on myös tarkasti valittu ja rajattu. Useassa tapauksessa on tietenkin hyvin vaikeaa, ellei mahdotonta, kertoa asiaa jokaiselta mahdolliselta kantilta, joten kehystäminen on luonnollinen tapa esittää asia - rajaamalla sitä tarinaa halutulla tavalla.

Kieputtaminen ja kehystäminen kulkevatkin käsi kädessä sitä haluttua tarinaa luotaessa. Valitaan mitä kerrotaan ja miten kerrotaan, samalla kun tietoisesti jätetään tietyt asiat kehyksen ulkopuolelle ja pois koko tarinasta - vaikka kokonaisuuden kannalta olisikin tärkeää saada myös hieman laajempi kuva asiasta. Siksi asiaa ennestään tuntemattomalle kehystys on täysin huomaamaton propagandan keino, kun taas asiasta jo paljon laajemman kuvan omaava saattaa heti huomata kuinka osa on jätetty kertomatta ja katsomiskulma on rajattu halutulle agendalle sopivaksi.

Ensiarvoisen tärkeää on myös saada se kehystys ajankohtaisten asioiden ympärille niin pian kuin mahdollista. Kun jotain tapahtuu ja kykenet ensimmäisenä rajaamaan sen aiheen, pystyt määrittämään kuinka asia nähdään ja miten siitä tullaan keskustelemaan. Ihmiset muistavat yleensä sen ensimmäisen version jonka asiasta kuulevat, joten antamalla selvät rajat mitkä ovat ne hyväksytyt mielipiteet voidaan ne kansan tulevat kahvipöytäkeskustelut kehystää omaan agendaan sopivaksi. Koska näemme aina asiat vain siitä omasta perspektiivistämme, propagandan kannalta on tärkeä määritellä mitä siihen kehyksen sisään kuuluu josta sen oman kuvamme muodostamme.

Rajoitettu vuoto ja tiedon sirpaloiminen

Rajoitettu vuoto (engl. limited hangout) on tiedustelupiireissä tavallista toimintaa kun on jääty housut nilkoissa kiinni - vuodetaan tietoa, mutta vain hyvin rajallisesti ja tarkkaan harkitusti. Kun joku valtaapitävä jää suhmuroinnista kiinni, tarvitaan siihen yleensä ensin jokin syntipukki, joka pukataan junan alle että isommat herrat saavat jatkaa rauhassa. Rajoitetaan vahinkoa antamalla jotain uhrattavaa, tietoa tai jokin henkilö, johon huomio keskittyy. Tarkkaan suunnittelemalla voidaan vuoto kehystää niin, ettei se läheltä liippaava asia kuitenkaan pääse leviämään siihen mitä halutaan edelleenkin salata.

Vuodettu asia on siis oltava riittävän merkityksellinen, ettei se nostata enempää huomiota. Ihmisten huomio on helppo saada hetkellisesti kääntymään, "hei, kato mikä tuolla on!", mutta rajoitetussa vuodossa halutaan se huomio jäämään siihen ja kyselemisen loppumaan.

Jos jotain itselle haitallista tietoa pääsee kuitenkin vuotamaan sinne kansan tietoisuuteen saakka, ei peli kuitenkaan ole menetetty. Niin kauan kuin kukaan ei pysty kasaamaan kokonaiskuvaa tapahtuneesta, voidaan mikä tahansa tieto ohittaa vain olan kohautuksella merkityksettömänä. Sirpaloimalla annettu tieto moneen eri osaan ja sotkemalla ne palat "uutisvirtaan", voidaan kertoa että "kyllähän me uutisoimme tästä asiasta" kun joku myöhemmin huomaa rikkeen tapahtuneen. Kokonaiskuvan muodostaminen mistä tahansa asiasta on hyvin haasteellista ja media ei siinä ole yleensä apuna - päinvastoin. Ihmisille syötetään loputtomassa tietovirrassa pieniä palasia lukemattomista eri asioista, väittäen sen olevan uutisointia, vaikka missään kohtaa ei vedetä niitä paloja yhteen ja kerrota asiaa kokonaisena ja ymmärrettävässä muodossa. Jos siis jostain asiasta ei haluta ihmisten saavan kokonaiskuvaa. Muutoinhan saamme valmiiksi pureskellun, kehystetyn ja kieputetun paketin jossa kerrotaan asian lisäksi miten sinun tulee asiaan suhtautua ja miten siitä tulee puhua omaan viiteryhmääsi kuuluvalla tavalla.

Tilastoilla valehtelu

Tilastoilla ja gallupeilla on helppo todistaa oma kantansa kunhan esittää kysymykset oikealla tavalla ja oikeille henkilöille. Kansan syviä tuntoja selvitellään gallupista toiseen ja se pienellä präntillä oleva "kyselyyn osallistui mun naapurit ja kaverini Pentti" jää helposti huomaamatta. Galluppeja hallinnoivat yritykset tietävät hyvin tarkasti kyselyihin vastaavat ihmisensä - ei tietenkään

68

henkilökohtaisesti, mutta mihin suuntaan heidän mielipiteensä missäkin asiassa nojaavat. Kun tiedetään ikä, sukupuoli, asuinpaikkakunta, tulotaso ja mahdollisesti puoluekanta, voidaan valikoida sopivat ihmiset vastaamaan kysymyksiin. Toki aina kerrotaan, että otanta kuvastaa koko kansaa, virhemarginaali on sejase ja kyselyyn osallistui mikäkin ikäryhmä, mutta se ketkä siihen osallistuivat oikeasti on taas aivan eri asia. Paljonko jo tällä keinolla huijataan, riippunee yrityksestä itsestään ja mihin suuntaan he kannoissaan nojaavat. Jos kyselyyn taas saa vastata kaikki "halukkaat", voi olla aivan varma että tulos on lievästi sanottuna painottunut. Mutta kuvitellaan että otanta oli lähestulkoon reilu, miten kysymyksillä voidaan saada mukamas haluttu lopputulos?

Virittäminen on yksi keino, eli kysymyksillä johdatellaan tiettyyn suuntaan tai jo alustuksessa vihjataan mitä halutaan tietää. Kysymysten asettelulla saadaan myös halutessaan aikaiseksi melkoisen painottuneita kantoja ja joskus jopa täysin tahallaan harhaanjohtavia tuloksia - esitetään vaikkapa kysymys "Oletko jo lopettanut ryyppäämisen, kyllä vai ei?" Mutta jos ei koskaan ollut edes aloittanut, kumpi antaa oikean tuloksen?

"Kuinka tilastoilla valehdellaan" - Darrel Huff, onkin lukemisen arvoinen teos kyseisestä aiheesta, joten ei tästä tämän enempää. Propagandassa se "kansan enemmistö" on vahva kortti pelattavaksi ja sen illuusion luominen on monesti helpompaa kuin itse kansan mielipiteen muuttaminen täsmäämään kerrottua tilaa. Mutta kun ei kerro sitä kansalle, mistäs se sen tietäisi?

Pillipiiparit ja portinvartijat

Satu Hamelnin pillipiiparista joka vuonna 1284 lumosi rotat ja johdatti ne hukkumaan jokeen pois Hamelnin kaupungista on esikuvana pillipiiparille mistä nyt puhumme. Samalla Ghostbusters-elokuvan portinvartija taas ei ole esikuvana portinvartijalle, jos se sattui olemaan ensimmäinen mielikuva kyseiselle sanalle. Yleensä henkilöön tai ryhmään liitettävä nimitys, pillipiipari ja portinvartija, kuvaavat tahoja joiden tehtävä on niin rajoittaa tiedon saantia kuin ohjata seuraajiensa kiinnostuksen aiheita.

Pillipiipari kuvaa siis tahoa, jota jotkut seuraavat joko vapaaehtoisesti tai ollessaan "lumottuna", seuraten esimerkiksi suurta johtajaansa tai messiasta. Sen sijaan että johdatus on seuraajiensa eduksi, heitä johdetaan tahallaan harhaan ja usein vielä haluttuun "väärään" suuntaan. Politiikassa hyvinkin tyypillinen keino, kuin myös propagandassa käytettävä tekniikka, pohjaa luotettavaan ja uskottavaan tahoon tai henkilöön jonka ympärille rakennetaan tai on rakentunut oma kannattajakuntansa. Netissä vaikuttajien ympärille muodostuu helposti oma lähestulkoon fanaattinen ryhmä, jolle se oman idolin sana on laki ja jokainen sanoma selitetään aina parhainpäin. Ulkoa katsottaessa pillipiiparin sanomasta saattaa joskus hyvinkin helposti löytyä epäjohdonmukaisuuksia, mutta niiden osoittaminen seuraajille johtaa usein vain riitaan - eihän se voi pitää mitenkään paikkaansa että juuri *minua* voitaisiin huijata tuolla tavalla! Ei, ei tietenkään, siksi Suomessa moni poliittinen ryhmä nojaa vahvasti tähän kultinomaiseen tapaan pitää se oma ydinporukka kaidalla tiellä. Suuri johtaja ei tee koskaan mitään väärin ja jos tekee, se on kuitenkin yhteiseksi hyväksi koska syyt!

Portinvartijaa on käytetty usein nimityksenä mediasta itsestään, koska se kuvaa tahoa joka seisoo tiedon ja yleisön välissä valikoiden tarkkaan kuka saa ja kenelle annetaan. Rajoitettu vuoto tapahtuu kun huomio halutaan kiinnittää toisaalle jostain tietystä asiasta, siinä kun portinvartijalla on jo yleisönsä huomio itsessään ja hän pystyy valikoimaan mihin se huomio seuraavaksi kiinnitetään. Portinvartija on täten se taho, joka vuotaa tietoa rajoitetusti mutta ei välttämättä pakon sanelemana jolloin se ei ole "rajoitettu vuoto". Eli selvää pässinlihaa, eikös?

Sekä portinvartija kuin pillipiipari ovat yleisönsä silmissä luotettavia tahoja joita halutaan kuunnella. Molemmat johtavat kuitenkin harhaan, joskus vahingossa mutta yleensä tarkoituksella ja tahallaan. Usein politiikasta puhuttaessa kyseessä on ns. "kontrolloitu oppositio", koska vallanpitäjien agendaa ajavat puolueet ja tahot kertovat samaa tarinaa kuin heidän tukenaan oleva valtamedia jo toistelee. Helpoin tapa hallita oppositiota on johtaa sitä itse, tiesi jo Lenin kertoa. Uskottavuutta voidaan lisätä esimerkiksi sillä, että annetaan hyvinkin kriittiseltä kuulostavia lausuntoja mutta tarkemmin tutkittuna keskustelu ohjataan pois jostain tietyistä asioista joko ohittamalla ne kokonaan tai vähättelemällä.

Hallittu oma-aloitteisuus

Tässä kohtaan liikutaan siinä rajalla onko kyseessä enää pelkkää propagandaa vaiko käsitysten ohjausta (engl. perception management). **Käsitysten ohjaus** tarkoittaa projektia, joka yhdistää eri keinoja vaikuttaa (eli manipuloida) ihmisiin - esimerkiksi propagandaa eri alustoilla yhdistettynä vaikka ruohonjuuritason liikkeen perustamiseen. Astroturffaus, eli ruohonjuuritason liikkeet ovat tyypillisiä hallitussa oma-aloitteisuudessa, mutta ei tietenkään pakollinen osa sitä. Propaganda kuuluu kuitenkin aina asiaa, mutta mitä ihmettä tässä nyt edes tarkoitetaan?

Valmiussuunnitelma on yksi nimitys tälle propagandan muodolle. Jos on odotettavissa että jokin tapahtuma, kuten pienimuotoinen katastrofi, tulee toteen, on syytä olla valmis suunnitelma jota kaikki asiaan liittyvät tahot osaavat noudattaa. Kuulostaa ihan hyvältä tähän asti, eikös? Valmistaudutaan pahimpaan ja suunnitellaan kuinka siitä selvitään. Mutta jos suunnitellaan katastrofia varten... ja sitten aiheutetaan se itse, hallitusti?

Kuvitellaan, että olet suunnittelemassa vaikkapa poliittista kampanjaa. Bannerit ovat valmiina, puheet tehtynä ja tukka sliipattuna. Mutta tiedät, että aiot nostaa esiin jotain hieman shokeeraavaa, jolloin vastareaktio on lähes taattu. Miten ratkaista ongelma? Ottaa ihmisten oma-aloitteisuus omaan hallintaan ennen kuin spontaani vastareaktio syntyy. Palkataan siis näyttelijä vastustamaan sinun toimiasi ja valmistellaan tälle vastareaktiolle materiaalikin valmiiksi sosiaaliseen mediaan julkaistavaksi.

Kun se päivä saapuu, jolloin annat sen kiistanalaisen puheesi, yleisöstä pomppaa esiin palkkaamasi "oppositio" ja vain hetkiä myöhemmin on some täynnä häshtägejä, jotka oli ennalta suunniteltu auttamaan kampanjaasi sen vahingoittamisen sijaan. Ennen kuin mitään spontaania vastustusta pääsee edes tapahtumaan, kykenet hallitsemaan koko tarinan kulun - tietenkin omien rajojensa sisällä, ihmeisiin ei tälläkään konstilla kyetä.

Jos jokin tapahtuma saa liian nopeasti hyvin organisoidun ja rahoitetun vastaliikkeen aikaiseksi, on hyvin mahdollista että koko sirkus on ennalta sovittu. Pikamiekkari syntyy toki hetkessä, mutta tuhansia ihmisiä valmiilla yhtenevillä iskulauseilla ja bannereilla ei putkahda tyhjästä. "Sattumaa", on helppo todeta, mutta etukäteen valmisteltu propaganda on tehokas tapa saada oma sanomansa ensimmäisenä paikalle ja jokaisen median etusivulle.

Toinen paikka missä voidaan olettaa kyseessä olevan hallittua oma-aloitteisuutta on siinä, kun koko mediakenttä vaihtaa tarinansa suuntaa radikaalisti. Uusi narratiivi on jo valmiina ja vaihto tapahtuu kertarysäyksellä kaikissa saman verkoston medioissa. Toki jos jokin muutos oikeasti tapahtui, muutos tarinassa on normaali. Mutta kun tarina vaihtuu ilman mitään tapahtumaa, voidaan pohtia oliko kyseessä sittenkään sattuma.

"... vahvistamien tietojen mukaan"

Kun mediat lähtevät vahvistamaan toistensa tietoja, silloin asian täytyy olla totta - sehän on kerran vahvistettu! Faktantarkistus, josta lisää hieman myöhemmin, nojaa tähän samaan temppuun, eli "joku sanoi ja me vahvistimme sen". Mutta mitä siihen vahvistukseen sitten annetaan oikein todisteeksi, antaa kuvan onko kyseessä propagandaa vaiko oikeasti vahvistettu ja todeksi todistettu asia.

Jos kuvitellaan tilanne, missä jokin media julkaisee tiedon antamatta lähdettä, eli "vahvistamattomien tietojen mukaan" sillä ei ole juurikaan uskottavuutta. Mutta kun toinen media menee kysymään siltä samalta lähteeltä, jonka nimeä ei edelleenkään julkaista, uudelleen ja lähde kertoo edelleen saman sadun, silloin kerrotaan että "vahvistamien tietojen mukaan". Ja näin sadusta tulee totta - sehän on vahvistettu, tiedäthän! Näitä mediassa haukuttavien tahojen "lähellä olevia lähteitä" kun sattuu aina sopivasti löytymään, mutta yhtäkään niistä tiedoista ei kyetä yleensä *todistamaan*. Mutta vahvistaa ne pystytään kysymällä uudelleen eri paikassa? Todisteiden esittäminen tietenkin ratkaisee asian, mutta niiden kaivaminen vaatisi journalismia ja etsiväntyötä. Mutta kenellä siihen on aikaa kun voi tehdä helposti todella tehokasta propagandaa haastattelemalla "sisäpiirin henkilöitä" joita sitten kiikutetaan mediasta toiseen "vahvistamaan" samat sadut - mutta jonkin verran myöhemmin sekä hieman eri kuvaavin termein, ettei epäilys nousisi että kyseessä saattaa olla täsmälleen sama tyyppi kertomassa samaa tarinaa uudelleen ja näin "vahvistamaan" oman tarinansa.

Eli jos vahvistaminen on noin helppoa, tarkoittaako se sitä että jos tästä kirjasta löytyvä väite toistetaan vaikkapa jossain blogissa ja vielä sosiaalisessa mediassa, on se väite sitten kahdesti vahvistettu?! Median mukaan kyllä... itse tosin kysyisin todisteita, joita tässä tapauksessa löytyy ihan kirjan lopusta listattuna.

...

Mutta vaikka tuntisi ja tietäisi kaikki mahdolliset temput, ei niiltä pääse karkuun kuin yhdellä tavalla - ei altista itseään propagandalle. Tärkeimmät propagandan keinot ovat kaikista näistä edellä mainituista huolimatta siltikin liittyvät aiheiden valintaan: mitä kerrotaan ja mitä jätetään kertomatta. Tarina voidaan kehystää tarkasti, kieputtaa täydellisesti ja virityskin olla kunnossa, mutta kertomatta jättäminen samalla kun jokin muu aihe nostetaan esiin on ainut tapa pitää tietty asia juuri sillä hetkellä piilotettuna. Ja sille, samoin kuin monelle muulle tempulle, ei voi tulla immuuniksi - ainoastaan oppia ne pahimmat sudenkuopat ja toivoa, ettei niihin lankea kovin usein.

Ainut millä asiaa voidaan edes yrittää "korjata" on sananvapaus. Keskustelemalla, tuomalla kaikki mahdolliset näkökulmat esiin on mahdollista paljastaa osa manipuloinnista. Onko siis ihme, että sananvapautta pyritään rajoittamaan jatkuvasti?

KUUDES KAPPALE

Psykologiaa propagandan takana

Miten mielen omat suojamekanismit toimivat propagandaa kohdatessaan? Voidaanko propagandalta suojautua psykologian avulla? Miten joukkomieli vaikuttaa?

Psykologiaa on tutkittu tieteellisesti vasta reilun vuosisadan ajan ja sen yhdistyminen massojen manipulointiin seurasi hyvin pian mukana. Emme kuitenkaan monessa tapauksessa tiedä miksi jokin asia vaikuttaa ihmisiin jollain tavalla, mutta kokeilun avulla ne toimivat keinot on kyetty kuitenkin löytämään. Propagandassa se *miksi* jokin toimii onkin toissijainen asia ja kiinnostavaa on lähinnä se, mikä toimii ja miten sitä voidaan käyttää hyväksi.

Aloitetaan tämä "mikä toimii ja miten sitä käytetään" kuitenkin huomautuksella siitä, että äly ei yksin riitä totuudellisuuden punnintaan. Olit kuinka älykäs tahansa, suurin osa propagandasta uppoaa siitäkin huolimatta vaikka kykenisit analysoimaan tietoa ennennäkemättömällä tehokkuudella. Miksi? Koska et voi tietää mitä et tiedä ja suuri osa propagandasta liittyy siihen, *mitä ei kerrota*. Ellei sinulla siis ole etukäteen tietoa kyseessä olevasta asiasta, se propaganda toimii lähes yhtä tehokkaasti niin neroon kuin sielä käyrän alemmassa päässä olevaan. Älykäs ihminen voi toki helpommin huomata propagandasta löytyviä virheitä, jotka paljastavat osan tarinasta, mutta muutoin olemme kaikki samalla viivalla propagandan suhteen.

Ihmisen *suostuteltavuus,* eli se syy miksi hypnotisointi toimii, koskettaa ihmisistä noin 60-70 prosenttia ja taitava hypnotisoija osaa valikoida tästä joukosta sen noin joka viidennen, joka saattaa havahtua kesken näytöksen jos saa hetken aikaa miettiä asiaa. Hypnotisoijan esitys menisi siis pilalle jos mukana olisi useampiakin ihmisiä joiden suostuteltavuus ei ole halutulla tasolla. Mutta propaganda ei tietenkään ole (pelkkää) hypnotisointia vaan se tukeutuu lukemattomiin eri mielen hyväksikäytettävyyksiin.

Tärkein ja tehokkain psykologinen temppu propagandassa on **toistaminen**. Sitä yksinkertaisempaa ja tehokkaampaa tapaa saada se oma sanoma uppoamaan ei taida olla olemassa. Toistaminen kun lisää uskottavuutta ja auttaa muistamaan sanoman. Ihminen oppii toistamalla, joten toistetaan se toistaminen nyt vielä muutamaan kertaan, että se toiston merkitys menisi perille. Kun kaikki toistavat samaa sanomaa, täytyyhän sen niin olla?

Propagandan toimintaa ja tehoa perustellaan usein osoittamalla mielen eri vinoumia, mitkä toki vaikuttavat useassakin tapauksissa asiaan. Kognitiivisista vinoumista esimerkiksi *vahvistusvinouma tai vahvistusvääristymä* auttaa ihmistä muistamaan ja huomaamaan omia uskomuksiaan pönkittäviä asioita, siinä kun kaikki vastakkain pääsee lipsahtamaan ohi huomaamatta.

Ylivertaisuusvinouma, josta usein käytetään nimeä **Dunning-Kruger-vaikutus**, lasketaan usein syylliseksi siihen, että ihmiset uskovat omaan erinomaisuuteensa ja erehtymättömyyteensä. Koska minua ei voida huijata, olen immuuni manipuloinnille ja propagandalle, tietty! Ylivertaisuusvinoumaa pidetään usein myös syyllisenä siihen, että ihmiset uskovat salaliittoteorioihin - koska he ovat niin ylivertaisia muihin että kykenevät itse muka päättelemään saatavissa olevista tiedoista mikä olisi totta?! Pyh, vain oikeaoppiset ja luotettavaa mediaa seuraavat kykenevät siihen, koska niin luotettava media kertoo ja minuahan ei voi huijata koska ... niin. Ylivertaisuusvinoumaan voidaan siis huoletta kaataa osa vastuusta.

Varmaan se eniten käytetty termi mielen temppusista on kuitenkin **kognitiivinen dissonanssi**, joka tarkoittaa kahden ristiriitaisen kognition, eli mielen ilmiön, törmäystä. Uusi ja vanha uskomus, tunne, asenne tai vastaava törmäävät ja mieli ottaa omat puolustus-mekanisminsa käyttöön: kielletään, selitetään, järkeillään - mieli tekee lähes mitä tahansa päästäkseen eroon kahden ristiriitaisen kognition aiheuttamasta jännityksestä.

Kognitiivisen dissonanssi toimii esimerkiksi näin: Tiedät, että tupakointi on epäterveellistä ja tutkimusten mukaan aiheuttaa keuhkosyöpää, eikös? Mutta ei se yksi savuke päivässä haittaa, mistäs ne tiedemiehet tietää, oma ukkinikin eli liikemmäs 100-vuotiaaksi ja poltteli joka päivä joten voin siis rauhassa polttaa yhden savukkeen päivässä... tai kaksi, ei sekään vielä haittaa.

Mieli siis suojaa ristiriitaiselta tiedolta ja koettaa saada sen itselle kerrotun tarinan kuulostamaan riittävän uskottavalta, että olet siihen itse tyytyväinen. Ja sitten tulee joku ja kehtaa sanoa että "*ei se noin ole, katso vaikka tämä ...*" niin siinäpä se on taas päivä pilalla. Olet ihan satavarma ettei sinua ole huijattu tuossa asiassa, se toinen on väärässä ja koettaa syöttää sinulle disinformaatiota! Ihminen kyllä tietää olevansa erehtyväinen olento, mutta kuitenkin usein uskottelee itselleen olevansa erehtymätön. Sitten alkaakin se selittely, kuten "kaikkihan sen tietää, ettei ... " ja muut valikoidut argumentointivirheet ja vinoumat sekoitetaan keskenään, kun puolustaudutaan väärää tietoa vastaan - eli mieli suojaa itseään, tapahtuu siis kognitiivinen dissonanssi.

Kaksi yleisintä argumenttia sitä itselle ristiriitaista tietoa vastaan sieltä virallisen tarinan suunnalta ovatkin "konsensus" ja "auktoriteetti". On täysin mahdoton ajatus, että koko kansalle oltaisiin valehdeltu kyseisestä asiasta! Kaikki auktoriteetit, asiantuntijat ja muut, kertovat täsmälleen samaa tarinaa ja muistavat huomauttaa että väärinajattelijat tästä kyseisestä aiheesta ovat niitä pahoja <lisää sopiva termi>. Täysin mahdotonta, että viranomaiset, vallanpitäjät, poliitikot, asiantuntijat valehtelisivat ihan kaikki, koska missään ei ole tullut vastaan sitä ristiriitaista tietoa ja olet sentään katsonut kaikki uutislähetykset ja lukenut kaikki lehdet asiasta. Ei ole mitenkään mahdollista että asia olisi pysynyt salassa!

... paitsi tietenkin silloin, kun ei enää pysynyt salassa sen sadannen kerran.

Virallisen tarinan ehkäpä se tärkein vinouma onkin **auktoriteettiusko**, jota valetaan lapsesta pitäen kaikelle kansalle. Älä missään tapauksessa luota itseesi, vaan opettaja on aina oikeassa, lääkäri on aina oikeassa, pappi, virkamies ja poliisi ovat aina oikeassa - kaikki "viralliset" tahot ovat aina oikeassa, vaikka niitä virheitä aina välillä sattuu ja ne virkamiehet ja muut auktoriteetit ovat myös ihmisiä, omine vinoumineen ja agendoineen. Ei siinä, samaa auktoriteettiuskoa se on sekin, kun oma suosikkivaikuttaja kertoo asian olevan jollain tavalla ja siihen uskotaan. Pillipiipareita voi olla kaikkialla, ja mikä tahansa taho joka vetoaa auktoriteettiinsa voi yllättävän helposti kyetä harhaanjohtamaan toisia puhtaasti asemansa johdosta. Toki se auktoriteetti ei liioin merkitse sitä, että taho olisi väärässä tahi yrittää automaattisesti huijata tai pettää - on vain pidettävä mielessä, että olemme saaneet pienestä pitäen melkoisen iskostuksen ja virityksen siihen, että se "auktoriteetti" on aina se jota tulee totella ja uskoa.

Mutta eiväthän ne vallanpitäjät niin tekisi, joku olisi jo huomannut! Heeeetkonen...

Kaikki ne yhteiskunnan luomat normit ja säännökset joiden keskellä olemme kasvaneet ovat muodostuneet ihmisten toimesta, jotka ovat käyneet läpi sen saman järjestelmän "edellisen" version. Kehitys siis kehittyy ja jokainen sukupolvi rakentaa sen edellisen päälle omat arvona ja uskomuksensa, mikä on ollut vallanpitäjien tiedossa iät ja ajat. Siksi usko tiettyihin auktoriteetteihin on juurtunut niin syvälle - opettajan opettajan opettajat ja lähteet mistä he ovat oppinsa saaneet ovat perustuneet ainakin jossain määrin vallanpitäjien kertomaan propagandaan. Ja kun samaa toistetaan riittävän monta sukupolvea, siitä tulee normi jota ei enää kyseenalaisteta lainkaan. Propaganda onkin tavallaan osittain periytyvä asia - ei geneettisesti vaan uskomusten kautta.

Jos auktoriteetti kertoo että 2+2=5, onko asia niin?

Mutta auktoriteettiusko on kaukana ainoasta ennakkoasenteesta, mitä propagandassa käytetään. Eri mielen teorioita on lukemattomia, joista osa kertoo ihmisen rakentavan maailmaansa **stereotyyppien** pohjalle. Jokainen asia - esine, henkilö, eläin, mikä tahansa, on jossain sielä korvien välissä varastoituna kantamuotoonsa, stereotyypiksi, johon sitten vertaamme havaitsemiamme asioita. Tunnistamme vaikkapa tuoliksi "kolme tai neljä jalkaa, istuinosa ja selkänoja", oli se minkä värinen tai muotoinen tahansa. Tunnistamme koiran koiraksi, kissan kissaksi ja ihmisen ihmiseksi, mutta aina kun siitä mielessä olevasta stereotyypistä poiketaan runsaasti, täytyy meidän katsoa uudelleen ja huomattavasti tarkemmin. "Mikä ihmeen linnunpelätti sielä tulee kävellen vastaan?!"

Miten tämä sitten liittyy propagandaan? Media kertoo meille päivästä toiseen mikä on se haluttu stereotyyppi mistäkin asiasta. "Hyvä ihminen" on esimerkiksi semmoinen, joka maksaa veronsa, äänestää vaaleissa, ei riko lakeja tai sääntöjä ja uskoo mitä auktoriteetit hänelle kertovat. Pahat ihmiset taas eivät niin tee ja pahoja ihmisiä saa kohdella huonosti koska niin opetetaan. Elokuvista opimme, että pahoja ihmisiä saa piestä kuin vierasta sikaa ja silloin olet sankari!

Yhdistämällä ne kuvituskuvat tekstiin, yhdistää mieli myös ne kerrotut asiat annettuihin kuviin ja hienosäätää niitä omia stereotyyppejään. Asioita voidaan siis hivuttaa kansan tietoisuuteen vaihtamalla hitaasti niitä annettuja stereotyyppejä. Liian nopea muutos kun saa mielen hylkimään asiaa, mutta vähän kerralla mikä tahansa asia voidaan normalisoida propagandan avulla.

Aivan samoin kuin ne stereotyypit ohjailevat havain-tojamme, voi media opettaa meille **strategioita** kuinka eri tilanteissa tulee toimia. Ehkä se kuuluisin propa-gandan saavutus tähän mennessä on Bernayssin tupakka-kampanja, missä nainen sytyttämässä savuk-keen ja polttamassa sen julkisella paikalla (mikä oli siihen aikaan täysin ennenkuulumaton asia) kuvasi vapautta. Ollaksesi vapaa nainen (stereotyyppi), poltat julkeasti muiden edessä savukkeen (strategia). Aivan siis samalla tavalla kun jo hieman aikaisemmin opimme elokuvista, että pahoja ihmisiä kohtaan saa väkivaltaa käyttää ilman että kyseinen paha ihminen olisi sinulle tehnyt koskaan mitään.

Lapset ovat mestareita oppimaan esimerkistä ja ko-pioivat niin vanhempiensa kuin vertaistensa ja tietenkin television heille näyttämiä strategioita ratkaista vastaan tulevia ongelmia. Ei siinä, kyllä aikuiset osaavat saman ja kun elokuvissa ruvettiin laittamaan turvavyö kiinni ennen auton liikkeelle lähtöä, kansa seurasi perässä. Toistamalla niitä samoja strategioita saadaan ihmiset toimimaan halutulla tavalla. Toki edelleen ongelmana on se propagandan saavutettavuus, eli ainoastaan kyllästämällä koko mediakenttä saadaan ne halutut strategiat ja stereotyypit iskostettua kansan selkärankaan saakka. Kun lastenohjelmista poliittisiin toimijoihin asti on havaittavissa samoja teemoja, ei se ole mikään vahinko vaan täysin harkittua propagandaa.

Jos siis kuulemme "pahan ihmisen" kertovan jonkin asian, osaamme automaattisesti hylätä sen kerrotun ja vastakkainen mielipide saa runsaasti enemmän uskottavuutta. Ja kun hyvä ihminen, joka sattuu vielä olemaan auktoriteetti, kertoo asioita sielä ruudun takana niin siihen pitää uskoa ja luottaa täysin kyseenalaistamatta - koska oma turvallisuutesi ja terveytesi riippuu siitä!

Ja kun muutkin niin tekevät, senhän täytyy olla oikein! **Sosiaalinen paine** tehdä samalla tavalla kuin muut on monelle ylitsepääsemätön kynnys jota ei ylitetä vaikka se oma etu suorastaan kirkuisi että "älä tee niin!" Yhtenäinen yhteiskunta toki rakennetaan yhteisillä normeilla, mutta länsimainen individualistinen eli yksilökeskeinen ajatusmaailma on monessa kohtaan vahvassa ristiriidassa tämän kanssa. Ihminen on kuitenkin pohjimmiltaan laumaeläin, jonka selviytyminen on perustunut kykyyn toimia yhteistyössä sen oman laumansa kanssa.

Nykypäivänä seuraamukset sen sosiaalisen paineen tekemän ohjauksen vastustamisesta ovatkin suuret - työpaikka lähtee alta, kaverit ja sukulaiset välttelevät ja pahimmassa tapauksessa koko elämä menee ihan sekaisin... vain, koska päätti tehdä jonkin asian omalla tavallaan tai meni sanomaan oman mielipiteensä julki. Vapaa yhteiskunta ja sananvapaus ovatkin vain sanahelinää jos joku kehtaa mennä sen Overtonin ikkunan ulkopuolelle. Sosiaalinen paine siis tukkii suut tehokkaammin kuin yksikään viranomainen siihen kykenee, koska yhteiskuntaamme on iskostettu niin syvälle ajatus vääräuskoisten pahuudesta.

Hieman yksinkertaistaen strategioiden ja stereotyyppien sijaan voidaan myös puhua **mielikuvista.** Luomme maailmankuvaamme jatkuvasti uusiksi muokkaamalla omia näkemyksiämme, mielikuvia, eri asioista. Jotkut asiat ovat positiivisia, jotkut negatiivisia, jolloin myös **arvot** voidaan ottaa mukaan keskusteluun. Mitään yhtenäistä termistöä ei näistä asioista puhuttaessa tunnu edes olevan, vaan riippuu enemmän siitä, minkä tieteen alan materiaaleja asiasta käy läpi, mitä termejä missäkin kohtaa käytetään. Toki näille kaikille termeille löytyy tarkat määritelmät, mutta oma mielikuvani on että ihmismielen kiemuroista puhuttaessa tarkkuus on kovin häilyvä asia - emme nimittäin tiedä miten se ihmismieli oikeasti edes toimii. Eikä tietenkään pidä unohtaa *hyvää* ja *pahaa*, joiden oikea käyttö se vasta hankalaa onkin!

Sen verran vielä mielikuvista on hyvä mainita, että median tapa yhdistää ihmisiä ja asioita toimii joskus itseään toteuttavana ennusteena - kun hehkutetaan että ryhmään X kuuluvat ovat jotain tiettyjä, kuten vaikkapa ekstremistejä, on varmaa että sinne myös hakeutuu moisia koska juuri kerrottiin että "tuo on sinun ryhmäsi". Kun luo mielikuvan vaarallisesta tahosta, saattaa tulla luoneeksi vaarallisen tahon joka ei sitä lainkaan ollut sitä mustamaalaamista ennen. Mutta väkivalta onkin se ainut asia johon vallanpitäjät osaavat kunnolla vastata... nimittäin väkivallalla.

Laumasielu ja joukkomieli

"Joukossa tyhmyys tiivistyy" kuvaa joukkomieltä todella tarkasti. Kutsui ilmiötä sitten millä nimellä tahansa, laumasielu ja joukkomieli tarkoittavat samaa asiaa - ihmiset yhdessä porukassa muodostavat "laumaälyn", joka osittain ohittaa jokaisen siihen kuuluvan yksilön omat aivotukset. Parviälystä puhuttaessa ryhmä yhdistää kaikkien tiedot toisiinsa, mutta laumasta tulee enemmänkin pienimmän yhteisen nimittäjän ilmentymä. Mitäs hittoa se nyt merkitsee?

On arvioitu, että noin 90% ihmisistä sopivassa laumassa ollessaan liittyy tähän joukkomieleen. Jäljellejääneestä 10:stä prosentista valtaosa menee lauman mukana niin sosiaalisen paineen kuin oman turvallisuutensa vuoksi, joten vain aniharva ei lähde lauman mukana tekemään mitä laumat tekevät. Jotkut tosin saattavat seuraamisen sijaan ottaa koko lauman johtoonsa tai ainakin ohjattavakseen.

Niin mitä ne laumat tekevät? Helposti ärsyyntyvä, usein agressiivinen, helposti räjähtävä ja kognitiivisilta kyvyiltään hyvin olematon joukkomieli saa ihmiset tekemään urotekoja tai kauheuksia, riippuen keneltä lopputulosta kysytään. Mellakat ovat malliesimerkki joukkomielestä ja kuinka sielä muutama joukossa oleva **agitaattori** kykenee ohjailemaan ja "sytyttämään" joukon täyteen vimmaan. Joukkomieli siis ohittaa jokaisen ihmisten yksilöllisen ajattelun, ainakin osittain, tehden persoonaan suuria muutoksia jotka ovat hyvin samankaltaisia kaikilla osallisilla - zombilauma jolla on yhteinen suunta kuvannee tilaa melkoisen hyvin. Mistä tämä sitten johtuu tuntuu olevan parhaimmillaankin arvailujen varassa, mutta ilmiö on havaittu ja siitä kirjoitettu ainakin jo 1800-luvun lopusta lähtien. (Gustave Le Bon - "The Crowd: A Study of the Popular Mind.", 1895)

Parviäly tarkoittaa tilannetta, missä ihmiset tietoisesti toimivat yhdessä ja yhdistävät tietonsa ja osaamisensa, jolloin puhutaan myös joukkoistamisesta. Mutta joukkomieli on spontaanisti muodostuva laumailmiö, joka harvemmin johtaa mihinkään positiiviseen lopputulokseen - paitsi niille, jotka haluavat sen lauman usuttaa jotain tahoa vastaan. Lauman ohjaaminen kun on huomattavasti helpompaa kuin voisi kuvitella. Tai no, zombeja on helppo ohjailla joten televisiota enemmän seuraavat jo osaavat arvata osan keinoista joilla niitä

86

laumoja ohjaillaan. Mutta ennen ohjailua on se lauma muodostettava.

Symbolit toimivat joukkomielelle yhdistävänä tekijänä ja niiden avulla pystytään tunnistamaan "omat" siitä vihollisesta. Yhtenäinen väri, yhtenäinen logo, samat käsimerkit ja tervehdykset, kaikki ovat tärkeitä osoittamaan yhteenkuuluvuutta johon joukkomieli nojaa. Muodostuakseen laumasieluksi asti, on sillä laumalla oltava edes jotain yhteistä keskenään - esimerkiksi se symboli ja syy tulla sinne paikalle. Ja kun lauma on muodostunut, se suorastaan kaipaa ohjausta. Riippuen siitä toimiiko se ohjailu jonkin "johtajan" kautta vaiko agitaattorien keinoin, voidaan laumaa myös ennakoivasti hallita muidenkin toimesta - mellakkapoliisien joukkojen-hallinta on juuri tätä ennakoivaa ohjailua ennen kuin joukkomieli on päässyt täyteen (tuhovoimaiseen) vauhtiinsa.

Agitaattorit ohjailevat laumaa teoillaan sieltä lauman keskeltä. He ovat niitä, jotka heittävät ensimmäisen kiven tai aloittavat megafoninsa kanssa hokeman jota lauma toistaa edetessään. Jos laumasta kyetään poistamaan agitaattorit hyvissä ajoin, voidaan mah-dolliset tulevat tuhot ainakin osittain ehkäistä. Suuret johtajat taas nousevat lauman eteen, puhumaan ja näyttämään esimerkkiä. He väläyttelevät symboleita, puhuvat suuria asioita mahdollisimman yksinkertaisesti ja nostavat tällä lauman hurmokseen. Mihin he sitten johtavatkaan sen lauman, se onkin taas toinen asia. Vaaliuurnia kohti on yksi yleinen suunta...

No mutta miten tämä nyt sitten liittyy propagandaan? Propagandalla usein valmistellaan se lauma ennakolta ja suurten johtajien puheet täytyy kirjoittaa tarkasti, koska joukkomieli ei ole mikään järjen jättiläinen. Joukkomieli voi myös muodostua netissä, samanmielisten kerääntyessä yhdessä yleensä pilkkaamaan sitä vihollista. Koska propagandalla halutaan ihmisten toimivan jollain tavalla, liittyy joukkomieli erottamattomana osana vallanpitäjien suorittamaan massojen ohjailuun. Tällöin voidaan jo tosin puhua myös käsitysten ohjauksesta, eli eri menetelmien yhdistämisestä samaan projektiin jolla manipuloidaan ihmisiä.

...

Ja jos sitä laumaa taas ei haluta muodostuvan alunperinkään, soveltuu propaganda siihen erinomaisesti. Psykologiaa on käytetty jo pitkään ihmisten mielialojen säätelyyn ja tästä osa on valunut propagandaan osaksi ärtyneisyyden ja hermostumisen rajoittamista. Kun kansalle kaadetaan paskaa niskaan vuodesta toiseen, on vaarana että se kansa kerääntyy yhteen ja muodostaa sen vihaisen lauman joka heivaa senhetkiset päättäjät hus helvettiin asemastaan. Piilottelulla pärjätään vain tiettyyn pisteeseen saakka, joten ennemmin tai myöhemmin se suhmurointi pääsee kansan tietoisuuteen ja silloin on hyvä säännöstellä kansan tuntemuksia.

Kaksi yleistä kikkaa millä näitä kansan mielialan kohahduksia voidaan laimentaa ja joskus jopa kokonaan rauhoittaa on antaa heille uutta murehdittavaa tai vaihtoehtoja mistä valita. Voisi luulla, ettei noin helposti kansoja voida joka kerta huijata, mutta ikävä kyllä noinkin vähällä vaivalla voidaan se negatiivisten tunteiden aalto tyynnyttää.

Helpompi näistä kahdesta on tietenkin antaa jotain vielä suurempaa murehdittavaa voivoteltavaksi. No onhan tuo huono juttu, mutta tämä toinen (merkityksetön) asia on vielä paljon vakavampi asia! Sitten siitä uudesta ongelmasta paasataan muutama päivä jokaisella alustalla jonka jälkeen kohun laannuttua ei kukaan muista enää kumpaakaan. Helppoa ja tehokasta. Jos uutta ongelmaa ei haluta tuoda ihan vielä esiin, voidaan kansalle ehdottaa vaihtoehtoja ongelman ratkaisemiseksi. Kukin vaihtoehto on yleensä vähintään huono, joten valinta ei koskaan ole kansalle "hyvän valitseminen" vaan jokainen tekee sen "pienimmän pahan" mukaisen valinnan. Koko politiikka perustuu tähän kikkaan - jos et tykkää nykyisistä päätöksistä, mitään muuta et voi tehdä kuin ensi kerralla äänestää uudelleen ruton ja koleran väliltä.

Ärtymyksen ohjaamisella lähestymmekin jo propagandan psykologisten vaikutusten ydintä, eli ihmisten tunteita. Katsotaan kuitenkin vielä muutama tärkeä ja propagandistien yleisesti käyttämä tunnetila läpi ennen kuin pohditaan tunteiden käyttöä laajemmin.

Aloitetaan **vihalla** ja sen ilmentymillä: "..tuttaa kuin pientä oravaa kun on käpy jäässä" on harmillisen ikävä mutta yleinen tunne ihmisellä. Ihmisten suututtaminen on helppoa, rauhoittaminen vaikeaa, mutta vihan ohjaaminen taas lastenleikkiä - kerrotaan kuka on syyllinen siihen ongelmaan! Eihän sen tarvitse pitää edes paikkaansa, koska siinä tunteen palossa se ajattelu on kovin vaikeaa. Tästä seuraakin se, että todennäköisyys huomata virhe siinä annetussa vihan kohteessa on hyvin matala. Vai väitätkö ettet ole koskaan osoittanut sormella jotain toista kun sinua syytettiin jostakin?

Koska se rauhoittaminen on monasti niin kovin vaikeaa, on vihan ohjaaminen huomattavasti tehokkaampi vaihtoehto ja siinä voi sivussa vielä kääntää sen vihan niitä omia vihollisiaan kohtaan, jolloin saadaan kaksi kärpästä yhdellä iskulla! Kuten eräässä sarjakuvassa kuninkaan neuvonantaja ohjeistaa: "ei sinun tarvitse tehdä tuolle joukolle mitään, kerrot vaan että talikkoja kantavat aikovat varastaa soihtuja kantavien osuuden niin he tappelevat keskenään eivätkä sinua vastaan". Ei kannata antaa mennä hyvän vihan hukkaan jos sen pystyy kääntämään omaksi edukseen?

Vihaa yleisempi propagandan levittämä tunne on kuitenkin **pelko**. Kaikki ihmiset pelkäävät jotakin mutta vihaan ei jokainen ole läheskään taipuvainen. Kirjaa kirjoitettaessa elämme vuotta 2020 joten pelko ei tarvinne kovin montaa esimerkkiä - riittää, että avaa uutiset niin on mistä valita. Mikä tahansa uhka, kuviteltu tai aito, voidaan propagandalla nostaa sille taholle että valtaväestö siihen tarttuu ja näkee sen riittävän pelottavana asiana hyväksymään se tarinan jatko joka syötetään pian pelottelun jälkeen. Jos pelkkä pelko ei riitä, voidaan aina kohottaa panoksia ja lähteä lietsomaan **paniikkia**. Mitä näillä on sitten käytännössä

eroa, pelolla ja paniikilla? Propagandan määrä ja kauhu-
kuvien maalauksen taso - paniikkia lietsottaessa
vedetään kaikki nupit kaakkoon, mutta tarina jatkuu
täsmälleen samoilla tavoilla joka ikinen kerta.

Yleisiä tarinan jatkoja ovat esimerkiksi "kannattamalla
juuri meitä, me korjaamme tämän tilanteen", "älkää
missään tapauksessa tehkö *tällä tavalla*, koska se
pahentaa asiaa" tai "tehkää *juuri näin kuten kerromme*,
muuten käy huonosti". Pelottelulla on usein passivoiva
vaikutus, mutta antamalla ihmisille jokin yksinkertainen ja
helppo asia tehtäväksi (täysin riippumatta siitä toimiiko
se millään tavalla vai ei) voidaan propagandan
uskottavuutta parantaa huomattavasti. Nyt *sinä* voit
vaikuttaa omaan kohtaloosi! Jos et tee mitä käskemme,
sinä olet henkilökohtaisesti vastuussa omasta koh-
talostasi jos käy huonosti! Jos et tehnyt mitä käskimme
ja selvisit, se oli puhdasta sattumaa samoin kuin jos teit
mitä käskimme ja silti kävi huonosti - emme voi sille
mitään koska sekin oli sattumaa. Ainoastaan sel-
viytymisesi tehdessäsi mitä käskettiin lasketaan ja se on
samalla todiste siitä, että käsky oli oikeutettu... eikös?

Mutta kun uutiset ovat 24/7 pelkkää pelonlietsontaa joka
tapauksessa, kuka sitä enää edes pelkää? Näitä
pelotteluja seurataankin jo samalla tavalla kuin viihdettä,
jolloin puhutaan **pelkopornosta**. Samaan tapaan kuin
kauhuelokuvista nauttivat, osa saa "annoksensa"
katsomalla uutisista kuinka hirvittävä maailma onkaan.
Pelottelu ei uutisista yleensä olekaan vähissä, joten joka
päivälle saa uutta jännitystä elämään. Osa lamautuu
tästä jatkuvasta pommituksesta, mutta osa nauttii siitä

että selviytyy kaikesta siitä kauheudesta ... kunhan vaan muistaa tehdä kaikki ne temput mitä käskettiin. Sivuhuomautuksena vielä mainittakoon pelkopornon päinvastainen ilmiö - **toivoporno**, eli etsitään kaikkialta kaikki mahdollinen joka todistaa että kaikki tulee olemaan ihan hyvin, aivan pian... kunhan vaan tekee mitä käsketään.

Kultit

Aatteen leviämistä voidaan verrata virukseen, eli miten se leviää, kuinka tehokkaasti ja mihin se tarttuu. Joskus nämä virukset pesiytyvät pahemman kerran ryhmään ja joukkomielen sijaan muodostuu jotain, jota voidaan kutsua kultiksi. Ajan saatossa erilaisia kultteja tai kultin kaltaisia yhteisöjä on muodostunut ties minkälaisten asioiden ympärille. Uskontojen, joko vanhojen tai uusien ja juuri keksittyjen, ympärille on muodostunut kerta toisensa jälkeen yhteisöjä, joiden toiminta ei ole aivan sieltä terveimmältä pohjalta.

Mutta näistä kulteista on opittu paljon - miten ne muodostetaan, miten niitä voidaan ohjata ja miten ne voidaan hajottaa. Ja kun kerran propagandasta ja psykologiasta puhutaan, ovat kultit osa sitä tieteellistä manipulointia. Helpoin tapa hallita "oppositiota" on johtaa sitä itse ja kulteista saatujen oppien perusteella pystytäänkin helposti niin luomaan, ohjaamaan kuin hajottamaan lähes mikä tahansa ryhmä joka "vastustaa" jotain asiaa. Yksi asia, joka esimerkiksi puuttuu vallan vastuuseen vaativilta Keltaliiveiltä (se Ranskasta lähtöisin oleva "Mouvement des gilets jaunes"), on "suuri johtaja". Jokaisella kultin kaltaisella ryhmällä on oltava oma johtaja, joko henkilö tai taho, jonka sana on laki. Keltaliiveiltä tämä johtaja puuttuu, joten kultiksi ei siitä ole, eikä liioin kontrolloiduksi oppositioksi - hajautettu valta ei ole ohjattavissa samalla tavalla.

Lähimmäksi kulttimaista rakennetta joka on sosiaalisesti täysin hyväksyttävä on nykypäivän poliittiset puolueet, ihan jokainen niistä. Moisia ryhmiä ei yleensä kultiksi lasketa, mutta niiden toiminnassa on huolestuttavan paljon yhtäläisyyksiä kultteihin ja niiden ohjailussa käytetään runsaasti samoja strategioita kuin kulteissa. Mutta jätetään tämä aihe tähän, koska niin moni pahoittaa mielensä jos menee mainitsemaan että "kuulut sitten kulttiin"...

Viholliskuvat

Pelkoa ja vihaa käytetään ohjailemaan kansaa - ettei vahvat tuntemukset mene hukkaan, tarvitaan niille sopiva kohde. Kun kaikelle löytyy selitys ja syyllinen, voi mieli olla rauhassa kun ei se ollutkaan omaa syytä että hommat meni pieleen vaan se oli se joku muu!

Psykologiassa puhutaan syntipukin luomisesta (engl. scapegoating), jota voidaan käyttää niin massojen hallinnassa kuin omaksi eduksi. Tai no, eduksi ja eduksi - jos itsensä huijaamista pitää oman edun ajamisena. Homma toimii tähän tapaan: olet törmännyt johonkin suureen ongelmaan josta pitäisi päästä yli. Omaa syytäsi? Ei, vaan "he" ovat syyllisiä siihen. Joku ympäripyöreästi määritelty taho on omilla toimillaan aiheuttanut tämän esteen elämässäsi, mutta nyt motivoit itseäsi ottamaan niskastasi kiinni ja voittamaan tämän esteen, etteivät "he" voita sinua!

Manipuloitaessa massoja, voidaan syntipukkeja käyttää useammallakin tavalla. Voidaan luoda se epämääräinen mörkö jota vastaan taistellaan yhdessä - tekemällä juuri kuten käsketään, muutoin pelaat vihollisen taskuun! Tai sitten valitaan sijaiskärsijä jota syytetään siitä ongelmasta joka kansaa vaivaa. Molemmat strategiat toimivat loistavasti ja hallitsemalla koko mediakenttää, ei sinne väliin pääse lipsumaan epäileviä kannanottoja aiheesta että "haukummeko nyt oikeaa puuta?" koska tarina saattaa mennä aivan pilalle osoittamalla ne ikävät faktat asiasta.

Syntipukkien luominen onkin tyypillistä politiikan propagandassa. Jos äänestät väärin, katsokaa mitä tapahtuu! Vain meitä äänestämällä nämä ongelmat korjataan! Ja sitten vaalien jälkeen niin ei käynytkään, vaan etsitään uusia syntipukkeja miksei niin käynytkään. Voisi luulla että tämä temppu oltaisiin nähty jo niin monta kertaa, ettei se enää uppoaisi ihan joka kerta? Mutta ei, edelleen se toimii joka kerta - "he" ovat syyllisiä, joten heidän vihaaminen ja/tai pelkääminen on oikeutettua.

Näkymätön vihollinen onkin yksi tehokkaimmista tavoista pitää kansa kurissa. Lähes maagisiin tekoihin kykenevä, vallanpitäjien tuntema ja havaitsema mutta tavan kansalle näkymätön uhka toimii loistavana pelotteena ihmisille. Ja kun sen uhan avulla on saatu aikaiseksi ne halutut asiat yhteiskunnassa, *pufff* - ongelma on poissa, pelastuimme koska enemmistö teki juuri kuten käskettiin eli hyvät ihmiset pelastivat jälleen! Älkää nyt valittako niistä muutoksista, ne oli *pakko* tehdä!

Kuulostaako tutulta?

Entäs ne *oikeat viholliset*? Ei kaikki ole vain propagandaa ja tekaistuja vihollisia vaan osaa voidaan pitää oikeina vihollisina. Siihen vastausta pitääkin etsiä jokaisen omista arvoista, eli kysymys on enemmänkin filosofinen. "Yhteinen vihollinen" on tärkeä motivaattori kenelle tahansa ja toimii loistavasti sitomaan ryhmiä yhteen. Osaisikohan Sun Tzu auttaa tässä kohtaa?

Aivokemiaa ja kemikaalicocktail

Kun sappi kiehuu ja joku vielä tulee kysymään "mitä, menikö tunteisiin?" niin rehellinen vastaus olisi yleensä "kyllä". Tiedon manipulointi valikoimalla mitä kerrotaan on tehokas tapa vaikuttaa ihmisiin, mutta verrattuna tunnepohjaiseen manipulointiin tiedolla ei usein pääse yhtä pitkälle. Tarinankertojat kautta aikojen ovat tienneet miten kaapata yleisönsä huomio ja niitä samoja oppeja viihdeteollisuus on myös aina käyttänyt. Tiede on asiaa myös tutkinut ja on todettu mitä eri aineita ihminen muodostaa missäkin tapauksessa.

Aloitetaan positiivisista tuntemuksista - hormoneista joiden ansiosta tule hyvä fiilis: dopamiini, oksitosiini ja endorfiini. Dopamiini lisää keskitysmiskykyä, motivaatiota sekä auttaa muistamaan asian joka laukaisi sen positiivisen reaktion. Dopamiinia saadaan luomalla jännitystä, jonkin asian odottamista kuten cliffhangerit elokuvissa. Hyvä tarina kaappaa mukaansa ja pitää otteessaan loppuun saakka, dopamiinin ansiosta pystyt keskittymään pitkäänkin tarinaan alusta loppuun. Oksitosiini lisää puolestaan anteliaisuutta, luottamusta ja saa sinut tuntemaan kuin olisit osa tarinaa. Tunnet empatiaa ja oikeasti välität niistä asioista ja hahmoista joista tarina kertoo. Nyyhkytarinat auttavat sinua tuottamaan oksitosiinia - sinä välität tarinan kohteesta. Endorfiini rentouttaa, auttaa keskittymään ja parantaa luovuutta. Sitä välittyy kun jokin asia saa sinut huvittumaan ja nauramaan. Hyvin tehdyt elokuvat kykenevät tuottamaan kaikkia näitä aineita runsain määrin ... etkä edes huomaa mitä sinne mukaan onnistuttiin ujuttamaan.

Aina tarinoiden tarkoitus ei ole kuitenkaan saada aikaiseksi hyvää oloa - päinvastoin. Kortisoli ja adrenaliini ovat tuon edellä mainitun "hyvänolon kemikaali-cocktailin" vastakohta. Stressiä, pelkoa, vihaa - sappi kiehuu ja verenkeitin laitetaan muhimaan. Ärsyyntyminen ja sietämättömyys lisääntyvät, luovuudelle saat sanoa hyvästit, kriittisyys kasvaa ja muistikaan ei ole ihan kuin ennen - nämä yhdistämällä tulet satavarmasti tekemään parhaat päätöksesi, joita joudut katumaan lopun ikääsi. Kun, ei jos, suutuspäissäsi teet huonoja päätöksiä, saat kiittää siitä osin kortisolia ja adrenaliinia... tai sitten sitä tahoa, joka syötti sinulle tarinan josta lähdit laukalle.

Kun ajatellaan että tieteeseen on kaadettu suuria summia rahaa selvittääkseen mikä saa ihmisen toimimaan halutulla tavalla, onko se edes mikään ihme että meitä kyetään manipuloimaan niin tehokkaasti nykyään? Lukemattomat eri tieteen alat biologiasta sosiologiaan ja psykologiaan yrittävät selvittää miten ihminen toimii ja tällä tiedolla siinä sivutuotteena paljastuu kuinka ihmisiä kyetään manipuloimaan. Propagandan tutkimus on levinnyt monelle tieteen alalle ja niiden yhdistelmä on kokonaisvaltainen.

Olemme kyenneet siis selvittämään miten ihmisen mieli suojaa itseään ja kuinka sen voi ohittaa, tiedämme kuinka joukkomieltä voidaan käyttää hyväksi vaikkemme ymmärräkään miksi se toimii ja ne vallanpitäjät ovat käyttäneet suuria summia selvittääkseen miten tuottaa propagandaa joka uppoaa valtaväestöön. Kaikkiin ei kuitenkaan voida vaikuttaa, eikä jokainen ihminen reagoi samalla tavalla ulkoisiin ärsykkeisiin. Mutta kun tiedetään miten valtaosaan voidaan vaikuttaa, esimerkiksi propagandalla, ei voimankäyttö ole enää se paras vaihtoehto pitää kansa kurissa. Jo pelkästään pelko siitä, että tulee selkään jos ei tottele on usein tehokkaampi kuin se piiska itsessään.

Vai kuvittelitko, että rahoitus tälle kaikelle on löytynyt hyvää hyvyyttään ja ihmisten etua ajatellen?

On kuitenkin syytä muistaa se, että kaikki nämä psykologiset ilmiöt jotka on mainittu ovat teorioita ihmismielen toiminnasta. Havainnot pitävät paikkansa, toki, mutta mitään varmaa miksi ihminen toimii kuten se toimii ei ole. Ehkä tulevaisuudessa ihmiskunta kykenee ratkaisemaan nämä elämän mysteerit, mutta jos ne samat tyypit jotka nyt asioista päättävät ovat silloinkin vallassa... me ollaan hävitty tää peli?

SEITSEMÄS KAPPALE

Nettimanipulointia

Kuka määrää mitä sinä löydät? Mitä eri pelureita on kentällä? Miten netin teknologiajätit vaikuttavat yhteiskuntaan?

Diginatiiveille, eli vuoden 2000 jälkeen syntyneille, sekä sosiaalisessa mediassa aikaansa runsaasti kuluttaville suuri osa nykypäivänä käytetyistä termeistä ovat selvää pässinlihaa (toisin kuin osa käyttämistäni vertaus-kuvista). Kieli muuttuu ja maailma sen mukana, mutta kaikesta tylsyydestä huolimatta ajattelin käydä ensialkuun läpi joitain netissä vaikuttavia olentoja, joiden kanssa olemme jatkuvasti tekemisissä mutta usein samalla autuaan tietämättöminä minkä otuksen kanssa on tekemisissä. Sielä ruudun toisella puolella vastassa ei nimittäin ole aina ihminen jonka kanssa keskustelet...

En edes kuvittele pysyväni diginatiivien perässä termistössä ja tätä kappaletta kirjoitettaessa termit ovat julkaisuun mennessä saattaneet jo muuttua - niin nope-asti kieli elää etenkin netissä. Käydään kuitenkin tämän kirjan kannalta oleellisia termejä hieman läpi.

Vaikuttaja onkin jo vanha tuttu, eli henkilö joka tuottaa yleensä nettiin materiaalia ja tällä materiaalilla vaikuttaa yleisöönsä, mistä nimi johtuukin. Koska entistä useampi haluaa katsoa videoita pelkän äänen saatikka pelkän tekstin sijaan, keskitytään tähän joukkoon hieman tarkemmin. Videoita tekevät voidaan jakaa useampaan eri ryhmään, mutta käytännön kannalta suurin jako tekijöiden kesken menee videoiden editoinnin kanssa - videot ovat joko ennalta nauhoitettuja ja yleensä leikattuja, tai suorana lähetyksenä, "livenä", esitettäviä. Suuri osa vaikuttajista suosii yhtä tapaa ja jättää toisen osittain tai kokonaan tekemättä, mihin löytyy useita syitä joista lisää tuonnempana.

Suoria lähetyksiä tekeviä vaikuttajia kutsutaan ainakin joissain piireissä **striimaajiksi**, mikä tulee siis englannin termistä "stream" / "streamer" (henkilö), eli virta tai virrata, suora lähetys netin kautta. Striimaaminen, tai "skriimaaminen" ilmestyy suorana lähetyksenä jollakin alustalla kuten Youtube, DLive tai Periscope ja näiden lähetysten tallenne säilyy yleensä myöhemmin katsottavaksi. Kameralla kuvataan usein mitä itse nähdään, esimerkiksi kun striimaaja osallistuu tapahtumaan hän kuvaa mitä itsekin näkee ja saattaa selostaa siinä samalla tapahtumia. **Kansalais-journalismi** on myös tälle toimelle sopiva termi, koska vaikuttaja näyttää mitä tapahtuu leikkaamattomana.

Vähintään yhtä tyypillinen striimi kuin tapahtumaan osallistuminen on kääntää kamera kuvaajaa itseään kohti ja puhua kameralle, eli yleisölleen, suorana. Osa suosii näitä kameramonologejaan lähettää leikattuina, jolloin kyseessä ei siis ole enää striimi. Mutta moni vaikuttaja valitsee puhua suorana ja leikkaamattomana kameralle koska silloin mahdollista olla suorassa

100

yhteydessä myös yleisöön - videopalvelut tarjoavat yleensä mahdollisuuden lähettää viestejä videon tekijälle lähetyksen aikana. Jos aika ei ole rajoittavana tekijänä striimaajalla, voivat nämä striimit venähtää todella pitkiksi, useamman tunnin striimien ollessa vielä ihan tavallisia.

Kyllä, nyt kuitenkin puhutaan manipuloinnista ja sitä vaikuttajatkin tekevät, kukin omalla tavallaan. Manipulointi on tietenkin ruma sana ja vaikuttajat pitänevät vaikuttamisesta enemmän, joten sanotaan että vaikuttajien tuottaessa *propagandaa*, he usein eivät itse edes huomaa että heihin vaikutetaan siinä samalla sen kanssakäynnin kautta. Koska vaikuttajille voidaan lähettää viestejä lahjoituksen kera, voidaan näitä maksettuja viestejä käyttää ohjailemaan vaikuttajan puheita. Suuri osa näistä lahjoituksista tulee tietenkin vaikuttajien omilta kannattajilta, mutta se nopeasti juokseva "tsätti" siinä liikkuvan kuvan alla on kuitenkin kohtuullisen tehokas vaikuttamisen kanava. Osa vaikuttajista onkin lähtenyt rajoittamaan sitä itseensä vaikuttamista muuttamalla koko keskustelun kuukausimaksulliseksi, mutta tämä saattaa vähentää yleisön mielenkiintoa kyseistä vaikuttajaa kohtaan koska vuorovaikutuksesta joutuisi maksamaan. Vaikuttajaan vaikuttamiseen kirjoittamalla kommentteja osallistuukin monenlaista porukkaa...

Yksi tällainen tekstimuotoinen vaikuttaja vaikuttajien alustoilla kuin muuallakin sosiaalisessa mediassa on **botti**. Robotti, automaattinen ohjelmanpätkä eli botti on yksinkertaisin sosiaalisessa mediassa vaikuttava olento, jonka ihminen on toki luonut mutta ei sitä varsinaisesti enää aktivoinnin jälkeen tarvitse valvoa. Botti suorittaa sille ohjelmoituja automaattisia toimintoja, yksinkertaisimmillaan toistaen muutamia lausahduksia täysin riippumatta ulkoisista ärsykkeistä. Hienoimmillaan botit kykenevät tunnistamaan avainsanoja ja jopa tulkitsemaan lauseita ja vastaamaan niihin ennakolta määrätyllä tavalla aivan kuten sielä ruudun toisella puolen olisi ollut ihminen.

Botteja voidaan toki netissä käyttää paljon muuhunkin kuin toistamaan haluttuja asioita mahdollisimman laajalle. Ohjelmoinnista riippuen se botti kun voi mainostaa jotain asiaa, hakata "tykkää" painiketta päiväkaupalla tai yrittää hakkeroida kohdettaan. Boteista muodostetaankin usein verkkoja, bottiverkkoja, joita ohjataan keskitetysti suorittamaan haluttuja toimia. Miljoona tiliä antamassa huonoa palautetta tai "tykkäämässä" jostain sivusta voi nopeasti kääntää myös niiden oikeiden ihmisten näkemystä kyseisestä asiasta. Boteilla voidaan siis luoda liikennettä, joka tulkitaan sitten ihmisten kiinnostukseksi kyseistä asiaa kohtaan vaikka todellisuudessa ei takana tarvitse olla kuin yksi ihminen, bottiverkkonsa kanssa.

Botista askel kohti ihmisiä on halventava nimitys **NPC**, "non-player/non-playable character" eli "ei pelaaja/pelattava hahmo". NPC tarkoittaa ihmistä, joka käyttäytyy samalla tavalla kuin botti - toistaa samoja mantroja havaitessaan tiettyjä sanoja. Keskustelu tällä tavalla käyttäytyvän ihmisen kanssa on yhtä hedelmällistä kuin keskustelu botin kanssa, koska reaktio on aina sama argumentista riippumatta. Tätä tietenkin käytetään usein pilkkanimenä siitä vastapuolesta, riippumatta siitä kuinka robottimainen se vastaaja oikeasti onkaan.

Hieman tutumpi termi monelle onkin **trolli**, eli se paha peikko sillan alta. Trolli kuvaa ihmistä, joka ei edes pyri keskustelemaan kanssasi vaan *trollaa* sinua, tekee siis pilkkaa ja tuhlaa aikaasi joko omaksi ilokseen tai jostain tietystä syystä. Vastapuolen trollaaminen kun on suosittu urheilulaji netissä, eli mennään kaikkien väärää mieltä olevien sosiaalisen median alustoille ja lähdetään trollaamaan heitä ja heidän alustaansa. Tarkoitus on saada ihminen triggeröitymään, eli tunteet kuohumaan ja sen vaikutukset käytiinkin jo läpi edellisessä kappaleessa. "Älä ruoki trollia" onkin hyvä neuvo, koska he kukoistavat huomiollasi ja ärtymykselläsi. Yleisin keino tunnistaa trolli on se, että tyyppi on kanssasi eri mieltä eikä suostu vaihtamaan mielipidettään ensimmäisellä yrityksellä - eli aivan sama strategia kuin propagandan havaitsemisessa. Jokainen päätelköön itse kuinka tarkka kyseinen tunnistustekniikka loppuviimein onkaan...

Trollit saavat joskus nimeensä lisättynä sopivia kuvauksia, eli on olemassa NATO-trolleja, Putinin trolleja ja ties mitä peikkoja. Moisen nimen saa yleensä tahot, jotka tuovat myötä-/vastamielisiä kommentteja aiheeseen liittyen. Varmin konsti saada itselleen oma trolli-leima on osallistua keskusteluun "vastapuolen" someseinällä ja kehdata pysyä omassa mielipiteessään.

Sukkanukke, **haamuhenkilö** tai vaan tekaistu persoona keksityllä nimellä ovat myös hyvin yleisiä toimijoita netissä. Nimimerkin takaa esiintyminen on kuitenkin eri asia, koska siinä yritetään kyllä piilotella omaa henkilöllisyyttä, mutta sen nimimerkin takaa löytyy kuitenkin "aito ihminen" joka siis puhuu omasta puolestaan mutta salanimen takaa. Haamuhenkilö taas on mielikuvituksen tuotetta oleva, ainoastaan virtuaalinen persoona, jonka takana on kyllä ihminen mutta ihminen joka vain näyttelee esiintyen haamuhenkilöä. Jos resursseja on tarpeeksi, voidaan haamuhenkilö tietenkin myös tuoda "lihamaailmaan" eli ulos netin syövereistä ja osaksi ihmisten maailmaa - näyttelijä joka esiintyy tänä ihmisenä jota ei oikeasti ole olemassakaan.

Haamuhenkilöitä käytetään vaikuttamiseen lukemattomien eri tahojen toimesta etenkin sosiaalisessa mediassa. Tiedustelupalveluista mainostoimistoihin, kaikki tietävät kuinka tärkeää on "ruohonjuuritason" vaikuttaminen eli tavalliset ihmiset hehkuttamassa jotain asiaa. Yksi ihminen kykenee hallitsemaan työpäivän aikana noin kymmentä "syvää" hahmoa, joilla on omat persoonallisuutensa, tai kymmeniä "nimimerkin takaa huutelijoita" joita netti on pullollaan. Hyvin luotua haamuhenkilöä ei voi erottaa oikeasta ihmisestä netissä oikeastaan millään, mutta tietomassoja analysoitaessa on kyetty havaitsemaan näiden haamuhenkilöiden verkostoja vaikuttamassa etenkin poliittisiin mielipiteisiin osallistumalla vahvasti keskusteluihin eri vaikuttajien alustoilla. Miten he jäivät kiinni? Työvuoron päätyttyä hahmo vaikenee ja palaa takaisin seuraavana päivänä, minkä lisäksi joskus voidaan jäljittää mistä liikenne on lähtöisin, eli missä kyseisen ihmisen tietokone sijaitsee.

Esitellään vielä yksi sosiaalisen median peluri: **resonaattori**. Usein botiksi tai trolliksi haukuttu resonaattori käyttää vaikuttamisessaan muiden tuottamaa materiaalia siinä kun vaikuttaja tuottaa sitä materiaalia yleensä itse. Sen sijaan että itse höpötetään tuntikaupalla kameran edessä, resonaattori linkittää muiden höpinöitä oman kantansa esittämiseksi. Haamuhenkilöt käyttävät usein samaa strategiaa, minkä vuoksi resonaattorin ja haamuhenkilön erottaminen toisistaan on lähes mahdotonta - kumpikaan kun ei välttämättä paljasta tai tuo esiin sitä juuri omaa ajatustaan, vaan jakavat muiden aivotuksia joskus omilla saatesanoillaan. Laajalle verkostoitunut resonaattori onkin yhtä kova peluri muihin vaikuttamisessa kuin vaikuttajat itse.

Huhut myös kertovat, että joskus sielä netissä vastaan tulevat olennot ovat oikeita ihmisiä omine mielipiteineen ja tunteineen, jolloin voidaan ainakin kuvitella että heitä tulisi kohdella edes auttavasti kunnioituksella. Tätä ei kuitenkaan ole voitu varmistaa, joten varmuuden vuoksi on väärää mieltä olevia leimattava kaikin keinoin! On myös muistettava, että ihmiset saattavat myös joskus käyttää huumoria ja sarkasmia oman kantansa esittämiseen, että saadaan ne endorfiinit kuplimaan! Samalla voidaan siis todeta, että jos et muista jotain vitsiä, ei se mahtanut olla niin hauska sittenkään...

Googlaa se itse

Monelle netti merkitsee samaa kuin Google, Facebook tai Youtube (tai joku niistä kymmenistä vastaavista muista palvelusta) ja sillä omalla suosikkisivustolla tuleekin vietettyä runsaasti aikaa jos se tuntuu antavan kaiken tarvittavan - uutiset, viihteen ja sosiaaliset kontaktit. Jos et maksa sivuston käytöstä mitään, ei sivusto ole kuitenkaan ilmainen vaan joku muu maksaa sen lystin puolestasi tälle palvelun tarjoajalle. "Mainostajat maksavat" olisi helppo vastaus ja monasti hyvin lähellä totuutta, mutta miksi ihmeessä mainostajat maksaisivat sinun selailustasi jos et kuulu edes heidän kohdeyleisöönsä?

Siksi alustat tienaavat käymällä kauppaa paljon arvokkaammalla valuutalla - sinun tiedoillasi. Ei, ei heitä kiinnosta juuri *sinun* henkilökohtaiset asiat vaan se alustalle luotu persoona sinusta, kopio kaikesta mitä sinä olet mutta riisuttuna se nimi ja naama siitä pois. Tämän persoonan lisäksi myös verkostollasi on arvoa, eli kenen kanssa olet yhteyksissä sen alustan kautta. On sanottu, että ihmisten nettipersoonat ovat arvokkaampaa kauppatavaraa kuin öljy ja tämä pitää varmasti paikkansa - öljy kun on ehtyvä ja kulutettava luonnonvara, siinä kun ihminen kuluttaa koko elämänsä erilaisia hyödykkeitä.

Ja tämä persoona, sinun kulutuskäyttäytymisesi ja kontaktisi ovat arvokkaita, koska algoritmien avulla juuri sinulle ja verkostollesi voidaan syöttää sen alustan kautta mitä tahansa mistä joku muu on valmis maksamaan. Yksi julki tulleista tapauksista on tilanne, missä automaattisesti luodut mainokset alkoivat kauppaamaan naiselle vauvatarvikkeita ennen kuin hän tiesi itse olevansa raskaana - hänen käyttäytymisensä ja hakunsa täsmäsivät profiiliin, jonka kone ole päätellyt kuuluvan raskaana olevalle naiselle.

Kun mennään hienostuneempiin järjestelmiin, oman anonymiteetin säilyttäminen netissä onkin lähes mahdotonta. Kaikki tietokannat kaikilta palvelimilta yhdistäen sinusta voidaan luoda käsittämättömän tarkka persoona, joka kyetään yhdistämään sinuun henkilökohtaisesti tarvittaessa. Aivan kuten videosta kyetään tunnistamaan ihminen hänen kävelytyylistään, kyetään netissä ihminen tunnistamaan hänen sanamuodoistaan tai näppäimistön ja hiiren liikkeistään, jos tosissaan halutaan joku tunnistaa ja löytää.

Mutta ei mennä tarkemmin tiedustelupalveluiden tasolle vaan pysytään ihan tavan kansan asioissa, missä sillä yksilöllä ei ole juurikaan väliä. Nimittäin vaikka ne teknologiajätit tietävätkin sinut paremmin kuin ehkä itse tiedät itsesi, eivät he yhdistä (heille) turhaan sitä yksilöä siihen persoonaan joka on puhdasta kauppatavaraa. Ja se kenellä on valta ja/tai resurssit, kykenee käyttämään tätä persoonaa omaksi edukseen - eli manipuloimaan juuri sinua.

Tämä voi kuulostaa pelottavalta ja sitähän se onkin - lukemattomat tahot käyvät kauppaa sinun tiedoillasi. Alustat eivät usein anna näitä tietojaan ulos, joten olet pääosin turvassa... paitsi sillä alustalla, jolla ne tiedot sinusta on tallennettuna ja joka kauppaa niitä tietoja kolmansille osapuolille tai käyttää niitä tietoja omaksi edukseen. Mutta... Tuohan on hullua salaliittoteoriaa!

Homma siis toimii näin: alusta, jota käytät runsaasti tiedonhankintaan, viihteeseen ja sosiaaliseen kanssakäymiseen tietää sinusta aika hiton paljon asioita. Näistä muodostuu heidän tietokantaansa persoona, jonka he kykenevät yhdistämään sinuun tarvittaessa. Koska se tarvittaessa sitten tapahtuu? Kun joku haluaa vaikuttaa alustan käyttäjiin. Kuvitellaan siis tilanne, että joku yritys haluaa kaupata uutta tuotettaan suurelle yleisölle. Mainostaminen kaikkien ruudulle on kallista, tehotonta ja mahdollisesti ärsyttää niitä joita tuote ei kiinnosta sitten pätkääkään. Joten tehdään kohdennettua mainontaa - etsitään tietokannasta kaikki ne persoonat, jotka soveltuvat juuri kyseisen tuotteen kohdeyleisöksi. Syötetään näille yksilöille sitten mainoksia ja jos tärppää, voidaan mainontaa laajentaa henkilön verkostoihin koska kaverin suosittelema tuote täytyy olla hyvä! Ja sama toistuu aina kun joku tarvitsee rajattua yleisöä omalle tuotteelleen, oli se sitten fyysinen tuote, tapahtuma tai vaikkapa poliittinen aate. Nykypäivän algoritmit ovat yllättävän tehokkaita arvaamaan mitä puoluetta juuri sinä äänestät vaikka et koskaan ole moista ilmaissut sillä alustalla.

Osa tästä sosiaalisen median markkinoinnin tehokkuudesta sen tarkan kohdentamisen lisäksi perustuu mielikuvamarkkinointiin. Koska algoritmit tunnistavat, että juuri sinä haluat esiintyä ja esittää itsesi tietyllä tavalla, *meillä* on juuri siihen sopivat keinot! Sen lisäksi mitä sinä selvästi haluat, kohdennetulla tiedolla voidaan pyrkiä varmistamaan että missään tapauksessa sinä et halua tiettyjä asioita. Tarvitsee... ketä se kiinnosta, haluta, tahtoo tahtoo! Mainonta toimiikin tehokkaammin kun se naamioidaan joksikin aivan muuksi - et halua ostaa sitä uutta puhelinta, mutta hittolainen se oma suosikkinäyttelijäsi ja se yksi tyyppi omalla seinällään just kehui sitä uutta... niin. Sattumaa? Ei, ei likellekkään sattumaa että nämä teknologiajätit tuottavat sinun omalle ruudullesi tarkasti valikoituja asioita.

Mutta niin ne kaikki alustat tekevät, joten asiasta ei kannata turhia murehtia - siinähän kauppaavat mitä lystäävät. Sinä saat ilmaisen palvelun, he saattavat joskus onnistua myymään sinulle jotain tuotetta, ei se sen isompi juttu ole. Otti kumman kannan tahansa, tai siltä väliltä, tällä tavalla netissä sinua voidaan manipuloida eli tuottaa juuri sinulle kohdennettua yksilöityä propagandaa. Käyttöehdoissa tämä kaikki yleensä kyllä kerrotaan, mutta ei niitä kymmenien sivujen raapustuksia kukaan lue - kyllä, hyväksyn, päästäkää mut sisään!

Mitä niissä käyttöehdoissa ei kuitenkaan kerrota aivan niin selvästi ja millä on huomattavasti vakavammat mahdolliset seuraukset on se, että niiden kohdennettujen mainosten lisäksi sinulta voidaan pimittää tietoa haluttaessa. Olet saattanut nähdä Googlen haun ilmoittavan, että "osa hakutuloksista oli rajattu pois, koska ..."? Osan näistä voit saada näkyviin painamalla sitä ilmoituksen linkkiä, mutta mitä muuta sinulle ei kerrottu?

Eräässä haastattelussa joku Googlen johtoon kuuluva tyyppi piti virheenä sitä, että Google palautti useita eri tuloksia annettuihin hakuihin. Eihän ihmiset tarvitse kuin sen yhden, oikean, vastauksen. Monelle netinkäyttäjälle Wikipedia on yhtä kuin totuus ja siellä ei ole yleensä tällaisia poikkeavia tai ristiriitaisia tietoja asioista, vaan yksi ainoa totuus kyseisestä asiasta. Wikipediaa voi kuka tahansa muokata, joten oletuksena on se parviälyn oikeassa oleminen ja tieteen tavoin itsensä korjaaminen. Suurimmassa osassa asioista tämä pitääkin paikkansa ja Wikiin voi luottaa, mutta kun puhutaan eräistä virallisen tarinan Overtonin ikkunan ulkopuolisista asioista, on tilanne aivan toinen.

Tiettyjä aiheita valvotaan jatkuvasti, eikä korjauksia virheelliseen tietoon pysty tekemään. Näistä aiheista hakeminen eri hakukoneilla antaa myös kovasti toisistaan poikkeavia tuloksia, johtuen eri alustojen eri tavasta sensuroida tiettyjä asioita. En kuitenkaan mainitse yhtäkään näistä rajatuista asioista, koska jokainen saa itse päättää lähteekö sitä tietoa jahtaamaan ties mistäkin kaninkolosta. Ja he jotka äskeisen viittauksen tunnistivat, ovat jo tämän ongelman kanssa painineet hyvän aikaa.

Google, Youtube, FB ja kaikki muutkin alustat kykenevät omilla hakutoiminnoillaan ohjaamaan ihmisten tiedon-hankintaa. Et voi muodostaa asiasta mielipidettä, jos et tiedä sen olevan olemassakaan. Hakuja rajataan esimerkiksi semmoisilla korteilla kuin "vaarallinen henkilö", "salaliittoteoria" tai "ektremismi", samalla kun oikeasti vaarallisille terroristeille annetaan näkyvyyttä. Syöttämällä hakuun minkä tahansa kiistanalaisen aiheen, saat tarkkaan valikoidun listauksen "oikeista mielipiteistä" ja ne valtavirrasta poikkeavat joko poistetaan kokonaan tai haudataan sinne hakutulosten sivulle 20+, minne asti kukaan ei oikeasti jaksa selata. Ennen Google palautti suosituimmat tulokset ja Youtubesta löysit eniten katsottuja videoita aiheesta, mutta nykyään tulokset järjestellään niiden "oikeellisuuden" mukaan mutta meiltä ei kysytty mikä on oikein ja mikä väärin vaan se sanellaan meille ylhäältä.

Moinen manipulointi on jenkeissä nostanut jonkin verran keskustelua ja on vaadittu, että Googlen tulisi julkaista oman hakukoneensa tietokanta vapaaseen käyttöön pienessä mittakaavassa ja maksusta muille toimijoille - Googlen tietokanta kun on kattavin koko maailmassa. Googlen tietokanta ei olekaan se ongelma, vaan algoritmit jotka sensuroivat ja manipuloivat hakutuloksia.

Sosiaalista mediaa on myös syytetty, ihan aiheesta, vaaleihin sekaantumisesta. Jos alusta vaikka ihan sattumalta muistuttaa mennä äänestämään kaikkia tietyn puolueen jäseniä, mutta syöttää kaikkea hömppää samaan aikaan vastapuolelle, on arvioitu saavutettavan jopa 20% muutos puolueen tasolla ja jopa 80% muutoksia yksittäisen ehdokkaan kohdalla, suuntaan tai toiseen tietenkin. Jos alusta saa päättää kenen kampanja etenee ja kenen mainokset esitetään kuuroille korville, voitaisiin moista toimintaa pitää vaaleihin

111

sekaantumisena. Jos aihe kiinnostaa tarkemmin, Robert Epstein Ph.D. on suunta jonka voin tässä kohtaa osoittaa.

Kun jaat somessa omalla seinälläsi jotain, nämä jättien algoritmit päättävät mitä näytetään ja kenelle. On myös tullut julki (Project Veritaksen paljastamana), että esimerkiksi FB toimii niin, että sen työntekijät käyvät läpi ihmisten julkaisuja ja arvottavat ne julkaisut mikä määrittää kuinka hyvin se viesti leviää. Jos siis pääset FB:n "paskalistalle", ne omat julkaisusi eivät juurikaan näy. Ja kuinka sille listalle pääsee? Julkaisemalla "vääriä" mielipiteitä. Tämä ei kuulemma ole lainkaan manipulointia, paljastuksia tehneet ovat "vaarallista äärioikeistoa" ja kuvittelet vaan että alustat rajoittavat näkyvyyttäsi. Näin meille kertoo ne tahot jotka sitä manipulointia tekevät.

Yksi tehokkaimmista tavoista rajoittaa niitä vääriä mielipiteitä on tietenkin estää niitä vääriä mielipiteitä jakavat tilit... vai onko? Kun on saanut kenkää, sen tietää myös itse ja voi lähteä etsimään uutta alustaa tai vaan tehdä uuden tilin vaikuttamiselleen. Siksi väitänkin **varjobannauksen,** eli "shadow ban", olevan huomattavasti tehokkaampi keino estää ihmisiä levittämästä asioita, joista ei haluta kansan tietävän. Varjobannilla tarkoitetaan tilaa, missä omalla ruudulla kaikki on hyvin, mutta muut eivät näe julkaisujasi elleivät tule niitä etsimällä etsimään. Esimerkiksi Youtubessa varjobanni toimii niin, että omalla ruudulla viestit näkyvät normaalisti, mutta kukaan muu ei niitä näe lainkaan. Kuvittelet siis keskustelevasi muiden kanssa, kun todellisuudessa kukaan ei kuule tai illuusion säilyttämiseksi viestisi näytetään muutamille muille, jotka ovat myös merkitty alustan toimesta "väärinajattelijaksi" - siinäpähän juttelevat keskenään. Tätä ei kuitenkaan pidetä ongelmana, koska ne oikeat, "vastuullisen median" julkaisut ja kannattajat saavat sanansa kuulumaan. Tai no, eivät *omaa* sanaansa, koska vain toistavat papukaijan tavoin samoja asioita kuin heille on kerrottu...

Tämä on sitä sanan- ja mielipiteenvapautta, kuulemma.

Faktantarkistusta

Kun sosiaalisessa mediassa siinä kuvan tai artikkelin päällä on lätkä "valheellista tietoa" ja alla komeilee faktantarkistajan logo, suurin osa ohittaa jaon ja siirtyy eteenpäin. Kyllä, netissä jaetaan runsaasti virheellistä tietoa niin vahingossa kuin tahallaan, mutta se lätkä linkin päällä ei aina tarkoita että kyseessä oikeasti olisi faktojen tarkistus vaan enemmänkin "olkiukon hakkaus". Jos joku kertoo, että ei löytänyt todistetta asialle, tekeekö se siitä virheellistä tietoa vaiko vaan tarkastaja ei löytänyt vahvistusta?

Olkiukon hakkaukseksi asia kuitenkin menee siinä vaiheessa, kun kumotaan väite jota ei edes esitetty. Jos lukee sen tarkistuksen kaikessa rauhassa, saattaa huomata että alkuperäistä argumenttia ei välttämättä kumota lainkaan vaan asia kieputetaan uuteen muotoon jonka kumoaminen on mahdollista. Monet myös jakavat asiaan liittyviä tarkistuksia, jotka eivät juurikaan liity annettuun väitteeseen mutta sisältävät samoja sanoja otsikossaan. Moni juttu voitaisiin kyllä kumota esittämällä ne faktat, mutta jostain syystä lähdetään luomaan olkiukkoja ja hakkaamaan niitä. Vai voisiko se johtua siitä, että faktat olivatkin kohdallaan mutta argumentti haluttiin kumota keinolla millä hyvänsä.

Näillä faktantarkistusta suorittavilla organisaatioilla kun on monasti lievästi sanottuna oma lehmä ojassa. Jos yrityksesi suurinta rahoittajaa mollataan netissä, hyvät faktantarkistajat syöksyvät hyökkäykseen ja parhaassa tapauksessa puolen tusinaa tarkistusta näkyy siinä somejaon alla - kaikki kertoen artikkelin olevan valetta. Puhdasta sattumaa ja väite täytyy olla silloin virheellinen on luonnollinen reaktio. Ja kyllä monasti väite voidaan osin kumota, mutta koko argumentti jää harvoin kumoamatta jolloin se faktojen tarkistus ja totuuden esittäminen olisi hyödyllistä - mutta yleensä ei haluttavaa, koska ne ikävät faktat ovat malinformaatiota?

Fakta ja totuus eivät myöskään ole synonyymeja, joten niiden ero kannattaa aina muistaa. Faktat eivät ole mielipidekysymyksiä.

Fake news ja Lügenpresse

Ennen kuin otetaan lehdistö suurennuslasin alle seuraavassa kappaleessa, vilkaistaan vielä tämän "fake news" hehkutuksen alle. Jokainen yhtään jenkkien uutisia mistään mediasta seurannut on mahtanut kuulla

114

termin "fake news" heitettävän suuntaan tai toiseen. Fake news, tekaistut- tai valeuutiset, on terminä hämäävä, koska se kuvaa tahoa joka teeskentelee olevansa uutistoimisto. Iskulauseena toki toimiva, ei siinä, mutta samalla harhaanjohtava termi - ei valtamedia teeskentele olevansa uutistoimisto, se on sellainen. Saksan termi "Lügenpresse", valhemedia tai valhe-lehdistö, joka usein käännetään englanniksi virheellisesti "lying press" (valehteleva lehdistö) kun se pitäisi olla "press of lies" (valhelehdistö), olisikin tarkempi nimitys valtamedialle - he eivät teeskentele lehdistöä, mutta valehtelevat päin pläsiä kansalle. Mutta valehtelusta syyttäminen on kuitenkin ruma temppu, joten kutsutaan sitä toimintaa sen oikealla nimellä: propagandaa.

Fake news eli valemedioita on kyllä olemassa, sitä ei käy kieltäminen. Netissä on sivustoja, jotka väittävät olevansa uutisia kun ne parhaimmillaan ovat huhuja ja mielipiteitä ilman pienintäkään todistetta. Tässä luulisikin sen valtamedian kykenevän paljon parempaan kuin jotkut pienet mediat? Suuren journalistien joukon luulisi kykenevät toimittamaan todisteet niille omille kannoille, mutta useassa tapauksessa ne valtamedian "todisteet" ovat täysin samalla tasolla kuin heidän nimeämänsä "valemediat" kertovat todisteekseen. "Luotettavat journalistit" ovatkin kovin herkkiä kutsumaan sitä vastapuolta "valemediaksi", vaikka se oma todisteiden käyttö ei ole usein sen kummoisempaa kuin niillä joita he syyttävät. "Joku, jossain, sanoi että ... " - ei se ole mikään todiste asialle, mutta jostain syystä tämä riittää lähteeksi etusivun uutiseen. Vau, Joulupukki mahtaa olla oikeasti olemassa jos Pentti 4-vuotta niin kertoo, vai?

Hybridi-, kyber vai infosotaa?

Kun kansaan vaikutetaan netissä virallisten tahojen mukaan väärällä tavalla, nostetaan usein termi "hybridisota" esille. Joissain tapauksissa tämä pitää paikkansa, toki, mutta oikea nimitys tälle vaikuttamiselle josta ei pidetä olisi "infosota" "informaatiovaikuttaminen".

Tyypillisessä sodassa ollaan miekat tanassa tai piiput vastakkain, mutta *epätyypillinen/epäsäännöllinen sodankäynti* on se mikä vallanpitäjiä pelottaa. Epätyypillisessä sodassa kun ei ole rintamalinjoja, ei tunnuksia eikä yleensä edes ulkoista vihollista vaan kyseessä on esimerkiksi toimet, joilla aiheutetaan mellakoita ja levottomuutta jossain paikassa, ulkoa ohjattuna. Ja tätä epätyypillistä sotaa käydään yleensä tiedon välityksellä.

Kybersota, tai kyberhyökkäys tarkoittaa esimerkiksi hakkerointia tai palvelunestohyökkäyksiä, joissa tarkoituksena on sabotoida vastustajan tietojärjestelmiä tai varastaa tietoa vastustajan hallusta. Toiminta on yleensä lähes täysin piilossa tapahtuvaa, mutta kun valot sammuu kyberiskun jäljiltä niin kyllähän sen kaikki toki huomaa.

Infosotaa taas käydään pelkästään tiedolla. Muistanet kun puhuimme mis-, dis- ja malinformaatiosta aikaisemmin? Niiden käyttö on sitä infosotaa. Ei hakkeroida, ei tehdä (yleensä) mitään laitonta mutta aiheutetaan vastustajan leirissä sekaannusta ja jopa keskenään

116

tappelua syöttämällä tietoa (propagandaa) sopivalla tavalla vihollisleiriin.

Hybridisota taas on oikea termi silloin, kun eri sodankäynnin keinoja yhdistetään toisiinsa saavuttaakseen halutun lopputuloksen. Samoin kuin hybridiautoksi kutsutaan vaikkapa bensan ja sähkön yhdistelmää, on hybridisota meneillään kun hakkeroidaan tietoa ja vuodetaan sitten niitä ikäviä asioita (malinformaatiota) sinne vastapuolen tiedotus-kanaviin.

Kun "me" käytämme tietoa ihmisten mielipiteiden muokkaukseen, se on valistusta ja pimittäminen on pelkästään omaksi eduksi. Mutta kun "muut" niin tekevät, se on infosotaa "meitä" vastaan! Media on valmis itkemään ulkoista vaikuttamista, hyödyllisiä idiootteja ja vaarallisia ääriryhmiä, kun joku kehtaa nostaa esiin asioita, joista on käsketty olla hyssykkää. Ihan varmasti kyseessä on myös vieraan vallan hybridioperaatioita, vaikka mitään todisteita sille ei ole koska eihän sitä en-nenkään ole todisteita tarvittu? Näkymätön vihollinen tekee taas työtään...

Toki on syytä huomioida, että todellisessa sotatilassa ei vastustajalle kannata paljastaa omia tietojaan eikä omaa tietämättömyyttään...

Tämän info/hybridisodan tärkein seurattava asia myös tiedustelupalveluille ovat ne jo muutamaan kertaan mainitut verkostot ihmisten välillä. Jatkuvan analyysin alla olevat solmukohdat ja niiden vaikutukset ovat ne

117

nykypäivän taistelutantereet ja juoksuhaudat. Ihmisten mielipiteillä kun hallitaan koko maailmaa, joten se kuka hallitsee ne solmukohdat, hallitsee pelikentän. Tieto on valtaa, mutta vain silloin kun sitä tietoa kykenee hallitsemaan ja käyttämään.

...

Kun nämä teknologiajätit sanelevat mitä uutisia sinulle näytetään ja mitä jätetään näyttämättä, samalla kun mediatalot itse omaa etuaan ajaen kertovat vain tiettyjä näkökulmia, onko se mikään ihme että maailma näyttää olevan hieman vinksallaan? Tosin siltä se näyttää vain niille, jotka ovat törmänneet siihen ristiriitaiseen tietoon netissä - pelkän radion, television ja lehtien varassa kun ei juurikaan sitä vaaraa ole, että törmäisi ristiriitaiseen tietoon.

Jos tässä kohtaa nousee kysymys "no kukas niitä teknologiajättejä sitten ohjailee?", niin sille vastausta voi lähteä puntaroimaan seuraamalla mitä ja kenen propagoimia ideologioita he ajavat. Yksi selvä lähde näille löytyy suurista ajatushautomoista, kuten CFR (Council on Foreign Relations) ja MPS (Mont Pelerin Society). Seuraamalla näiden ajatushautomoiden ajatelmia, voi helposti pysyä kärryillä ajan hengen mukaisissa trendeissä. Salaliittoa? Ei, *yhteistyöverkostoja*... maailman vaikutusvaltaisimpien ihmisten välillä. Siis se sama porukka, joka omistaa kaikki mediat, eli "neljännen valtiomahdin". Jos haluaa etsiä lisää verkostoja näiden tahojen välillä, löytyy sieltä ryhmien nimiä kuten Bilderberg...

118

KAHDEKSAS KAPPALE

Neljäs valtiomahti

Monesko valtiomahti se media oikeasti on?
Onko objektiivista mediaa olemassakaan? Mikä
on media tärkein tehtävä?

"Neljäs valtiomahti" on viittaus Montesquieun vallan kolmijakoon, missä media olisi sitten neljäs vallan jaettu osa. Suomessa ei valtaa ole tosin edes kolmeen jaettu, mutta ei siitä enempää koska ongelman selittäminen juurta jaksaen vaatisi oman kirjansa. Lehdistön valta on aikojen saatossa vain kasvanut mutta se ei koskaan ole ollut vain yksi osa sitä valtakoneistoa, eli "neljäs valtiomahti".

Rajusti yksinkertaistaen median tärkein, ellei jopa ainut, tehtävä on suostumuksen luominen. Moni kuvittelee, että median tehtävä olisi informoida kansaa että he kykenevät tekemään valistuneita päätöksiä niin poliittisissa kysymyksissä kuin omassa elämässään. Kansalle siis kerrottaisiin mitä heidän tarvitsee tietää, ei mitä heidän halutaan tietävän. Jalo ajatus, toki, mutta maailma ei vielä tähän päivään mennessä ole niin toiminut. Ne joilla on valta saavat äänensä kuuluviin ja pitävät kiinni kynsin hampain siitä yksinoikeudesta tulla kuulluksi. Media luo illuusion maailmasta silmiemme eteen. Mutta se taas on hullua salaliittoteoriaa että ihmiset ajaisivat omaa etuaan, virallisen tarinan mukaan.

Lännessä viralliseen tarinaan kuuluu tärkeänä osana illuusio "riippumattomasta ja vapaasta mediasta". Vapaa sekä riippumaton media tarkoittavat molemmat sitä, että valtiovalta tahi mikään muukaan taho ei sanele mitä media kertoo. Yksityisessä omistuksessa olevasta mediasta ymmärretään kuitenkin se, että ne median omistajat saattavat vaikuttaa oman julkaisunsa suuntaukseen. Tämä huomataan tietenkin lähinnä silloin, kun kyseinen media on havaittu propagandaksi (eli ollaan eri mieltä sen kanssa) jonka jälkeen ne omistajien kytkökset ja mielipiteet ovatkin varmoja todisteita median valheellisuudesta. Mutta se oman mielipiteen kanssa myötämielinen media ei ole lainkaan semmoinen paha ja ohjailtu media!

Omistajat eivät tietenkään voi ohjata mediaansa, koska mediaa ohjaa tietenkin päätoimittaja... jonka se median omistaja on tarkasti valinnut tehtäväänsä. Media on aina täysin puolueeton, rehellinen ja luotettava, paitsi silloin kun se tuottaa pelkkää propagandaa (eli oltiin eri mieltä sen kanssa taas kerran) jolloin sen päätoimittaja ja kaikki toimittajat ja journalistit ovat myös valehtelevia <lisää sopiva törkysana>! Ja päälle vielä sinne mediaan on palkattu vain samalla tavalla ajattelevia ihmisiä, joten koko media täytyy olla aina ... täysin syytön ja puhtoinen, koska satut olemaan sen kanssa samaa mieltä.

Ajatus "objektiivisesta" mediasta on myös pahasti kieroutunut ajatus koska ihmiset eivät ole objektiivisia

120

olentoja vaan hyvinkin subjektiivisia omien kokemuksiensa kokonaisuuksia. Kyllä, ihminen voi pyrkiä objektiivisuuteen, mutta jos käsittelyssä olevalla asialla on pienintäkään tunnereaktiota mihin tahansa suuntaan, on turha kuvitella kykenevänsä objektiivisuuteen sillä tasolla kuin neutraalissa tiedonvälityksessä tarvittaisiin. Mutta tässä ei ole mitään väärää, ainakin omasta mielestäni. Ihmiset eivät ole kylmiä robotteja vaan tuntevia olentoja joiden oma maailmankatsomus paistaa enemmän tai vähemmän läpi kaikessa mitä he tekevät. Optimaalisessa tilanteessa samoista pohjatiedoista kun voidaan saada useita eri näkemyksiä eri ihmisten osalta, joista sitten niin yhdistämällä kuin karsimalla pois ne ei-toivotut näkemykset ihmiskunta voisi kehittyä puhtaasti sananvapauden ansiosta! Utopistinen näkemys, tiedetään...

Käytännössä vallanpitäjät ovat jo aikoja sitten ottaneet *kaikki* yhtään vaikuttavammat mediat hallintaansa. Jokainen mediatalo, joka haluaa pysyä kiinni leivänsyrjässä, tietää myötäillä mitä suuret pelurit tahtovat. Ei mitään salaliittoteoriaa vaan ihan käytännön toimi - kilpailijat murskataan ja omaa valtaa pönkitetään kaikin keinoin. Kaikki tämä on täysin laillista kilpailua.

"Vallan vahtikoira" onkin usein väärin ymmärretty sanonta, koska sen kerrotaan tarkoittavan median toimintaa vahtimassa ettei vallanpitäjät pääse suhmuroimaan kansan etua vastaan ihan vapaasti. Käytännössä se valtamedia toimii täysin päinvastoin - se vahtii ettei kukaan poistu rivistä tai omaa vääriä mielipiteitä jotka voisivat tarttua kansaan. Moni journalisti tosin kuvittelee tekevänsä "hyvää" työtä toimiessaan näissä vahtikoiran tehtävissään, mutta kuten sanonta menee - "on vaikea saada ihmistä ymmärtämään asiaa jos hänen toimeentulonsa riippuu sen ymmärtämättömyydestä". Eli ei syytellä turhaan toimittajia, koska heidänkin täytyy saada maksunsa maksettua ja lapsensa ruokittua?

"Tein vain mitä käskettiin" on kelvollinen selitys kaikkeen, eiks jeh?

Mutta eivät asiat kuitenkaan aivan niin synkkiä ole. Valtaosa mediassa olevasta uutisoinnista on totuudenmukaista, tosin tarkkaan valikoitua, koska uskottavuus ja luotettavuus on silti ansaittava. Muutama pikkuvirhe silloin tällöin voidaan antaa anteeksi kun suurin osa menee ainakin pääpiirteittäin oikein. Ongelma ei ole niinkään se pääosin oikea uutisointi, vaan agendajournalismi, mitä lähestulkoon kaikki mediat tekevät - tosin jos ilmoittaa rehellisesti sen agendansa ihan suoraan, ei sitäkään voi ongelmana pitää koska yleisö saa itse päättää kenen agendaa kuuntelee. Mediasta onkin hyvä muistaa sanonta "kenen leipää syöt, sen lauluja laulat". Tämä pitääkin paikkansa, kunhan muistaa ettei se sinun omasta taskusta tuleva raha medialle tarkoita että sinä olisit sitä leipää maksamassa vaikka niin voisi luulla ainakin yksityisissä medioissa. Vanha viisaus lehtitaloilla oli ennen se, että ei kannata painattaa lehteen sellaista, mitä yleisö ei lue. Nyt sinne lehteen painetaan se, mitä yleisön halutaan tietävän ja loput täytetään yleisön haluamalla hömpällä... ja tietenkin mainoksilla, jotka maksavat sen julkaisun.

On rankkaa olla journalisti

Tein mitä käskettiin, mutta kuka niitä journalisteja käskee? Totuus, jos ovat oikeita toimittajia. Jutun perässä juostaan vaikka henki lähtisi, mikä maailmalla on täysin mahdollista ja harmittavan yleistä. "Vääriä" tahoja tutkineita journalisteja on laitettu vuosien saatossa tammiarkkuun melkoinen määrä. Mutta niitä oikeita tutkivia journalisteja, jotka kaivavat niin syvältä kuin vain rahkeet ja resurssit riittävät, on hyvin harvassa. Turvallisista asioista kirjoittamalla päätoimittajien käskystä on varma konsti oman uran nousuun ja vaara astua oikeiden vallanpitäjien varpaille on minimaalinen.

Journalistien kertomat asiat voidaan jaotella karkeasti kolmeen eri kategoriaan: turvalliset, rajatut ja kielletyt. Turvallisia asioita ovat esimerkiksi urheilu, julkkikset, viranomaisten tiedotteiden julkaisu ja muut vastaavat henkeä salpaavat aiheet, joissa suurin riski on saada paperihaava kopiokoneesta. Rajatuissa aiheissa vaaditaan jo taitoa ja tarkkuutta, jos haluaa pysyä pelissä mukana - politiikasta ja poliittisista aiheista, samoin kuin vaikutusvaltaisista julkisuuden henkilöistä on syytä kirjoittaa juuri sillä linjalla, kuin päätoimittaja sanelee jos ne laskut haluaa saada maksetuksi. Tietyistä asioista ei puhuta ja artikkelit kehystetään sekä kieputetaan tarkasti. Mutta sitten on ne kielletyt aiheet joiden kanssa pitää journalisteilla olla kieli keskellä suuta. Viranomaiskorruptio, sisäpiirikaupat, rikokset joista ei saa puhua julki... kiellettyjä aiheita on useita ja jokainen journalisti tietää, ettei tietyistä ihmisistä ja tahoista puhuta tietyllä tavalla. Piste.

Ja niille journalisteille, jotka niitä kiellettyjä aiheita siitäkin huolimatta tuovat julki - hattu päästä ja syvä kumarrus. Teidän ansiostanne asiat eivät ole (vielä?) aivan päin persiitä.

Mutta hömppääkin tarvitaan, joten ne "katso kuvat, uudet tissit ja perse"-journalismia myös tarvitaan koska maailma olisi muuten niin synkältä näyttävä paikka? Mutta mitä tapahtuu niille, jotka uhmaavat tätä tarkasti hallittua illuusiota? Noh, heidät lynkataan...

Medialynkkaus ja uhritarinat

Yksi median usein käyttämä keino jonkin väärän mielipiteen kitkemiseksi on lynkata sitä väärää mielipidettä julki tuova taho oikeen kunnolla. Somessa lynkkaamalla voidaan saada ihminen erotetuksi työstään ja luottamustehtävistään, mutta kun valtamedia päättää että "sinähän et muuten enää noin tee", saattaa edessä olla muutto toiseen maahan. Mitään rikosta ei tarvitse edes tapahtua kun media jo suorittaa niin tuomarin, valamiehistön kuin pyövelin tehtävän samalla kertaa - kaikki mahdollinen kaivetaan esille että kohteen maine on entinen. Lynkattavan julki tuodut tekoset eivät välttämättä ole missään yhteydessä siihen hirteen viemiseen vaan takana saattaa olla aivan toiset syyt -

mutta ne syyt eivät ole kelvollisia lynkkaukseen. Väärille varpaille astuminen ja väärän tahon loukkaaminen voisi nimittäin näyttää kovin pikkumaiselta syyltä ja kansa saattaisi tulla syytetyn puolelle eikä hurraamaan hänen lynkkaustaan. Edes se lynkattu ei välttämättä tiedä mikä meni pieleen kuin vasta jälkikäteen, siinä kun ensin seuraa pääutisista oman elämäntyönsä ja maineensa lipuvan kohti viimeistä satamaa. Mutta kilpailu on kovaa ja huipulle päästäkseen joudutaan ne kanssakilpailijat joskus hoitaa pois kisasta rumilla keinoilla - mutta jälleen, laillisin keinoin.

Joskus toki riittää, että henkilö vedetään vain hetkeksi lokaan esimerkiksi jonkin tapahtuman ajaksi. Henkilökohtaisia kaunoja voidaan myös selvittää mediassa päästämällä yksi osapuoli haukkumaan vapaasti sitä toista ilman mitään mahdollisuutta puolustautua. Väärää mielipidettä kannattavia kun saa Suomessa lyödä kuin vierasta sikaa yleisön hurraamana. Jos taas väärän mielipiteen omaava uskaltaa sanoa missään mediassa (kuten vaikkapa omalla someseinällään) halaistun sanan jostain oikean mielipiteen omaavasta, sitä kutsutaan **maalittamiseksi**. Joskus tätä myös kutsutaan malinformaatioksi, koska oletetaan että viranomaisista ja muista vastaavista puhutaan aina vain pahaa, eli maalitetaan, kun kerrotaan heidän suhmuroinnistaan julkisesti. On täysin mahdoton ajatus että kansalaisilla olisi oikeita syitä purnata saamastaan kohtalosta - siksi kaikki negatiivinen palaute viranomaisista ja poliitikoista julkisesti on maalittamista. Virallisempi määritys maalittamiselle olisi joukkoistettu häirintä, eli kun joku määrittää kohteeksi jonkun henkilön

125

tai tahon ja muut lähtevät mukaan siihen häiritsevään toimintaan. Mutta kun valtamedia maalaa kokonaisia ihmisjoukkoja, se on ihan oikein eikä lainkaan maalittamista?

Vähintään yhtä tyypillinen kuin medialynkkaus, on median suorittama **valelynkkaus** missä media osoittaa sormella ja sanoo "soo soo, katsokaa nyt mitä tuo tyyppi teki!" Negatiiviselta kuulostava juttu on itseasiassa vain mainos kyseiselle henkilölle tai asialle (eli hivuttamista) koska kohdeyleisöön joissain tapauksessa uppoaa uhritarina paremmin kuin sankaritarina. Katsokaa kuinka suurta sankariamme loukataan! Nyt kaikki sankoin joukoin tukemaan tuota henkilöä! Jos media nimittäin haluaisi oikeasti vaientaa jonkin ihmisen tai mielipiteen, se on siihen täysin kykenevä ja lukemattomia kertoja todistetusti myös varsin halukas niin tekemään.

Uhritarinoiden käyttö taas puraisee suoraan ihmisen empatiaan - "etkö ajattele lapsia!?" Maailmassa on paljon vääryyttä ja monen ihmisen kohtalo ansaitsisi huomiota, mutta mediaan valikoituneet uhritarinat ovat kovin usein jotain aivan muuta kuin suurta vääryyttä tai karua kohtaloa. Agendan ajamista, huomion ohjaamista ja tietenkin sitä suostumuksen luomista löytyy sieltä tarkasti valikoiduista uhritarinoista. Toki samaa käytetään vastakkaisissa **sankaritarinoissa**, joita arjen sankarit tekevät päivittäin mutta vain pieni osa saa koskaan tekoon nähden sopivan määrän huomiota. No mutta kärsimys on aina kärsimys ja sankariteko aina sankariteko, tietenkin, joten niiden vertailu ja vastakkainasettelu on tietenkin hieman kyseenalaista. Kysymys ei olekaan siitä, ansaitsiko tapahtuma sen saaman huomion vai ei, vaan se syy miksi tapahtuma juuri sillä hetkellä sai huomion... Uutiset voitaisiin täyttää päivittäin sankaritarinoilla ja positiivisuudella, mutta jostain syystä saamme sen sijaan pelkoa, vihaa ja agendaan sopivia uhreja joiden taustalta paljastuu yllättävän usein jotain aivan muuta.

Enemmistön harha

Jos jossain asiassa media suorastaan loistaa niin se on kansan syvien tuntojen kertominen. Ei, ei se mitä kansa oikeasti tuntee vaan mitä kerrotaan kansan tuntevan. Jälleen ollaan siis luomassa hyväksyntää ja suostumusta jollekin, mikä ei itsessään menisi purematta alas. Mutta jos kerran luotettava media sanoo että kaikki niin tekee, niin kyllähän minunkin olisi niin tehtävä? Muutoin en kuulu joukkoon, jään ulkopuolelle enkä ole lainkaan hyvä kansalainen koska niin se luotettava setä televisiossa juuri kertoi!

Tilastoilla ja gallupeilla on hyvin yksinkertaista luoda se enemmistön harha, mutta usein ei asiaa vaivauduta edes kysymään vaan asia esitetään yleisenä mielipiteenä sellaisenaan. Voidaankin miettiä mitä moisesta seuraa, kun yksi valtiomahti vaan latelee että "näin se kansa nyt ajattelee". Uskaltaako yksikään poliitikko lähteä "kansan syviä tuntoja" vastaan? Varmin tapa tuhota kannatus kun on tehdä asioita, joita kansa ei halua. Toki sitä poliitikot tekevät jatkuvasti, jolloin voidaan ihmetellä että miten ihmeessä se kannatus voi säilyä vaikka jatkuvalla syötöllä tehdään asioita joita kansa ei halua? Noh, mistäs kansa sen tietäisi jos media ei siitä kerro. Kumpi siis on se koira jonka häntä heiluu tai sitä heilutetaan?

Entäs mielenosoitukset, nehän kertovat kansan syvistä tunnoista? Kyllä, mutta mitkä mielenosoitukset huomioidaan ja mitkä ohitetaan mediassa eivät korreloi niiden osallistujamäärien kanssa vaan mielipiteen hyväksyttävyyden virallisessa tarinassa. Kaiken maailman kissanristiäiset saavat median paikalle jos aihe on oikea, samalla kun tuhatpäinen joukko saa täyden mediapimennon jos aiheesta ei olisi suotavaa omata moista mielipidettä. Ja kun media ei siitä kerro ja teknologiajätit haluavat asian leviämisen sosiaalisessa mediassa ehkäistä niin osallistujia ei liioin vahingossa paikalle eksy. Sananvapautta, mielipiteenvapautta ja demokratiaa - niin meille kerrotaan vaikka todellisuus on jotain ihan muuta. Kun miljoona ihmistä marssii väärän asian puolesta, sitä ei tietenkään voida ohittaa - mutta se voidaan aina leimata lukemattomilla eri tavoilla, että kaikki hyvät ihmiset tietävät kyseisen olevan väärä mielipide. Leimaaminen on se yleisin konsti tuhota mielenosoituksen maine, eli etsitään kaikki väärät ja "pahat" asiat sieltä joukosta, koska sinne miljoonan ja jo satojenkin joukkoon eksyy *aina* vähintään yksi symboli, logo, sanonta tai henkilö, jolla koko tilaisuus voidaan lyödä lokaan. Aina. Media lätkäisee sitten kaikki halutut asiat sinne kehyksensä sisään ja esittää koko porukan tilanteeseen sopivalla tavalla - joko positiivisessa tai negatiivisessa valossa, koska molemmat ovat tärkeitä virallisen tarinan säilyvyyden kannalta.

Kulttuurin ohjaus

"Vapaa ja riippumaton media" joka valikoi tarkasti mitä kertoo ja mitä jättää kertomatta voisi olla vapaa ja riippumaton, jos se kertominen ja kertomatta jättäminen olisi sattumanvaraista. Mutta vallanpitäjät ovat tienneet hyvin pitkään, että ihmisten mielipiteitä ohjaamalla koko kansaa voidaan ohjata haluttuun suuntaan huomattavasti tehokkaammin kuin väkivallalla. Valikoimalla mitä kansa tietää ja miten se asiat tulkitsee, voidaan yleistä mielipidettä ja koko kulttuuria ohjata hienovaraisesti ja piilossa kaikkien nähtävillä. Tämä ohjailu kun ei ole millään tavalla salaista tai piilossa tehtävää, vaan ihan jokaisen itsensä havaittavissa koska vain havaittu propaganda toimii.

Sen lisäksi että media voi valheellisesti esittää kansan yleistä mielipidettä, se kykenee myös ohjaamaan sitä kansan todellista yleistä mielipidettä. Jo Napoleon tiesi aikoinaan, kuinka vakavasta asiasta on kyse: "Neljää vihamielistä sanomalehteä on pelättävä enemmän kuin tuhatta pistintä." (vapaa käännös englanninkielisestä lainauksesta "Four hostile newspapers are more to be feared than a thousand bayonets.") Lehdistö, media, mikä tahansa keino tahi taho jolla tieto on siirretty kansalle on se joka ratkaisee kansakunnan suunnan. Tätä väitettä voi toki kyseenalaistaa ja kannustankin siihen - toivon nimittäin olevani väärässä siitä, että tiedolla ja sen rajoittamisella voitaisiin viedä koko kansakuntaa kuin pässiä narusta.

Kirja toisensa jälkeen on viimeisen sadan vuoden ajan toistanut samaa sanomaa, eli kuinka yleisen mielipiteen ohjaus ja luonti, "näkymätön käsi", ohjaa kokonaisia yhteiskuntia. Ihminen ei voi muodostaa omaa mielipidettä asiasta, jota ei tiedä. Vain harva taas uskaltaa nousta ylös ja kertoa mielipiteensä, joka poikkeaa siitä mitä yleisesti pidetään hyväksyttävänä. Virallisen tarinan Overtonin ikkuna osoittaa ne rajat ja ne rajat ovat jokaisen itsensä todettavissa. Kannustanko siis rikkomaan niitä rajoja? En, vaan tutkimaan niitä asioita jotka nyt ovat "normaaleja". Tutkimaan mitä sielä rajojen takana onkaan piilossa...

... ja päättelemään ihan itse, miten ne asiat tulisivat olla. Ei mitä muut sanovat, vaan mitä juuri sinä, hyvä lukijani, olet asioista mieltä. Miltä maailma näyttäisi, jos sinä saisit päättää sen sijaan että joku jolla on oikeaa valtaa sanelee miten asioiden tulisi olla ja jonka media sitten välittää osaksi yleistä mielipidettä? Ja missä kohtaa tämä nykyinen malli kuulostaa demokratialta, eli *kansanvallalta*?

Median tehtävänä ei ole raportoida todellisuudesta, vaan *luoda* sitä - näin väitetään edesmenneen Aatos Erkon sanoneen.

Piikki lihassa

Niin media kuin myös hallinto ja jopa poliisi ovat vallanpitäjien käskystä kuitenkin ottanut loukkaukseksi itseään kohtaan sen karun todellisuuden, että lähes kaikilla ihmisillä on taskussaan videokamera. Vaikuttajat ja etenkin ne striimaajat ovat jo pitemmän aikaa olleet piikki vallanpitäjien lihassa, mutta nykyään on enemmänkin poikkeus säännöstä että jollain ei ole taskussaan full-HD tasoista videokameraa (eli älypuhelinta) ja keinoja joko lähettää se suorana tai jälkitallenteena koko maailman nähtäväksi. Miksi tätä sitten pidetään niin pahana asiana?

Suora videolähetys paikan päältä kun on siitä hankala paikka, että siinä näytetään yhdestä kuvakulmasta mitä tapahtui. Kaikkea ei voida yhdellä kameralla saada talteen, mutta tusinasta katsojasta jos kolme kaivaa uutislähettimensä taskustaan ja paljastaa koko maailmalle mitä on meneillään, siinä menee helposti hyvä tarina ihan pilalle faktojen vuoksi.

Kuvitellaan vaikka tilanne, että kansa haluaisi osoittaa mieltään jotain asiaa vastaan tai jonkin asian puolesta. Jos aihe ei vallanpitäjille sovi, tapahtuu sen seurauksena pahimmassa tapauksessa seuraavanlainen yhdistelmä tapahtumia virallisen tahon suunnalta:

- Ennen tapahtumaa media ei hiiskahdakkaan asiasta, kaikki tapahtumaa julkisesti somessa mainostavat saavat "erityiskohtelun" jossa heidän kaikki vanhat synnit käydään läpi etsien mitä tahansa tekosyitä tarjota bannia, vallanpitäjien kanssa samaa mieltä olevat vaikuttajat lähtevät etsimään keinoja mustamaalata tapahtuma ja tapahtumaan liittyviin tahoihin ollaan yhteydessä koettaen estää kaikki mahdolliset yhteistyökuviot

131

- Tapahtuman aikana, jos tapahtuma on julkinen, taas samat mediat jotka eivät asiasta hiiskuneetkaan kiertävät paikalla etsien kaiken mahdollisen materiaalin jolla se voidaan leimata "pahaksi" tapahtumaksi. Materiaalia kuvataan riittävästi, mutta ei missään tapauksessa julkaista suorana ettei kukaan eksy vahingossakaan paikalle.

- Seuraavien päivien aikana koko tapahtuma kehystetään, kieputetaan ja viritetään soveltumaan viralliseen tarinaan mutta missään vaiheessa "vastuullista journalismia" tekevät tahot eivät kysy osallistuneilta tahi järjestäjiltä kommenttia, koska ne pilaisivat jälleen sen tarinan. Eli mustamaalausta kaikin keinoin...

Suurin osa kansasta saa siis kovin vääristyneen kuvan tapahtumasta, mutta sitten nämä osallistujat menevät pilaamaan hyvän tarinan faktoillaan julkaisemalla joko suorana tai kokonaisena jälkitallenteena tahi leikeltynä parhaat palat mitä sielä oikeasti tapahtui. Vähemmästäkin on propaganda mennyt ihan pilalle!

Jos media oikeasti haluaisi kertoa totuuden ja olisi kiinnostunut niistä faktoista joita se kertoo julkaisevansa, heille olisi aivan loistava asia että kaikista mahdollisista tapahtumista olisi runsaasti materiaalia. Mutta jostain syystä kansalaiskuvaajia jahdataan ja he pääsevät oikeuteen vastaamaan tekosistaan eli kuvasivat esimerkiksi jotain tapahtumaa, jossa joku puhui asioita joista voitaisiin haastaa oikeuteen. Puhujaa ei viedä siis oikeuteen vaan se kuvannut ja videon julkaissut taho siis joutuu oikeuteen vastaamaan siitä. Tätä kutsutaan oikeusvaltioksi?

Kuvaaminen julkisella paikalla on aina sallittua, mutta jostain syystä julkisen tiedon välittämistä halutaan kaikin keinoin estää. Niihin tavan kansan kuvaamiin videoihin kun voi tarttua ties mitä suhmurointia ja luotettavan median tehtävä on editoida pois kansan tietoisuudesta ennen julkaisua - mutta kun se Matti Meikäläinen vaan striimaa suorana, ei hän edes tiedä mitä tuli kuvanneeksi kuin vasta jälkikäteen. Sananvapauteen ei vissiin kuulu oikeus liittää todisteeksi videokuvaa tapahtumasta?

Ja tämä on se ongelma - piikki vallanpitäjien lihassa - muokkaamatonta tietoa mitä oikeasti tapahtuu. Tekstinä oleva todistus, esimerkiksi somessa tapahtuman selittäminen tai "liveseuranta" missä kirjoitetaan jatkuvalla syötöllä tapahtumakuvausta ovat myös kelpo keinoja tarjota kansalaisten omia havaintoja kaiken kansan nähtäväksi. Mutta näissä teksteissä on aina se hankaluus, että niiden todistaminen todeksi voi olla hyvin hankalaa. Siksi - "kuva, tai sitä ei tapahtunut"...

Niin että monesko mahti se media nyt olikaan?

Suomessa se ei voi olla neljäs, koska jakoa kolmeen ei ole. Häntä heiluttaa koiraa joten voitaisiin sanoa median olevan ensimmäinen tai jopa ainoa valtiomahti, muiden tehdessä mitä heiltä odotetaan. Suoraan lakeja ei media kykene kirjoittamaan, mutta uhka siitä että väärää lakia ehdottamalla oma pää on median pölkyllä pitää valtaosan poliitikoista siististi kurissa. Toki aina välillä mukana on pölkkypäitä, jotka luulevat saavansa ajettua

133

mielestään hyviä ehdotuksia läpi ilman median luomaa "enemmistön tukea", mutta nämä harjataan pois puolueiden toimesta tai viimeistään lynkataan mediassa, ettei kukaan lähde tutkailemaan sinne karmien taakse.

Ja tämä kaikki on mahdollista propagandalla. Vallanpitäjät ovat aina sen tienneet ja reilu sata vuotta myös tutkijat, koska samaan lopputulokseen on päädytty lähes poikkeuksetta. No mutta jos se tiedetään ja on tutkittu, miksei kansa sitten tiedä? Siis että miksi kansa ei tiedä, että vallanpitäjät ovat tutkineet kuinka hallita kansaa? Voisiko se millään johtua siitä, että kansan *ei haluta tietävän* kuinka heitä ohjaillaan? Ai niin, se on sitä hullua salaliittoteoriaa, kysy vaikka keneltä virallisen tarinan äänitorvelta. Samoin se ei kuulemma ole mikään ongelma, että lähes kaikki Suomen mediat ovat vain muutaman tahon omistuksessa.

Vai pelataanko vielä "mutta kun muualla on vielä huonommin, ei täällä tarvitse noille pikkuseikoille tehdä mitään"-kortti?

"Totuus velvoittaa" oli sanonta jokunen vuosi sitten eräällä miehellä, jonka media lynkkasi perusteellisesti. On hänen tekosistaan sitten mitä mieltä tahansa, eikö se totuus olisi ihan kaikille hyvä asia? Vai onko se illuusiossa eläminen sittenkin turvallisempaa?

Onneksi tilanteen korjaamiseen on olemassa jo valmiit ja kohtuullisen yksinkertaiset keinot. Toimintaa voitaisiin kutsua "kukkarolla äänestämiseksi", eli: älä tue mediaa joka sotii arvojasi vastaan vaan sen sijaan tue mediaa

134

joka sopii maailmankuvaasi. Propagandaa ne mediat kuitenkin tuottavat, siihen ei ole näkyvissä muutosta, mutta sillä mitä mediaa tuet (tilaat, luet, jaat ja "tykkäät"), vaikutat siihen minkälaista journalismia tulet tulevaisuudessakin saamaan.

Ajatella mitä tapahtuisikaan, jos esimerkiksi Panaman paperit paljastettaisiin mediassa ja ne ison luokan veronkiertäjät naulattaisiin seinälle samalla innolla kuin nyt väärinajattelijoita taotaan?

YHDEKSÄS KAPPALE

Propagandan analysointia

Miksi?!

Tiedon analysointi, tässä tapauksessa propagandan, on tyypillisesti kuulunut asiaa ammatikseen tekeville tyypeille ja saammekin yleensä nähdä vain tuloksia näistä analyyseista. Propagandaa on analysoitu paljon, etenkin sotien aikana ja niiden jälkeen, koska siitä saa kuvan "vihollisen" toiminnasta sekä selvityksen kuinka se oma propaganda toimi. Mutta kuten jo tiedämme, se toisten tulkintojen kuuntelu ei välttämättä ole omien etujen mukaista, joten tarjoankin tässä pienen työkalupakin propagandan analysointiin etenkin jos ne virallisten tarinoiden sepitykset kuka on syyllinen kaikkeen ei kuulosta uskottavalta. Kirjan ehdoton etu tuleekin vastaan tässä kohtaan - jos aihe ei kiinnosta, voit helposti hypätä seuraavaan kappaleeseen ilman että yrität arpoa videosta koska aihe vaihtuu.

Riippuen siitä, halutaanko propagandaa tutkia yhden artikkelin, yhden aihealueen vaiko yhden julkaisun tasolla, täytyy analyysissa ottaa eri asioita huomioon. Yksinkertaisimmillaan propagandaa voidaan analysoida jakamalla se jo alussa kerrottuihin kategorioihin, eli valkoiseen, harmaaseen ja mustaan. Tämä sopii esimerkiksi kokonaista julkaisua arvioitaessa, käyden läpi vaikkapa kaikki "etusivulla" olevat artikkelit ja luokittelemalla ne.

Jos artikkeleissa on puutteita lähteissä, otsikko ei täsmää tekstiin ja asiaa kuvataan vain hyvin rajallisesti ja yhdeltä kantilta, ei kyseessä ole enää valkoista propagandaa. Mitä useampi rike, sen tummemmaksi voidaan propaganda luokitella. Näinkin yksinkertaisilla keinoilla kykenet itse määrittämään onko jokin julkaisu kallisarvoisen huomiosi ja aikasi arvoinen - analysoimalla riittävä näyte ja vetämällä siitä omat johtopäätökset. Se ei tietenkään tarkoita, että koko julkaisu olisi hylättävä artikkelitasolla, koska yksittäinen juttu voi olla missä tahansa mediassa täyttä totta, mutta jos julkaisun jokainen analysoimasi artikkeli ei läpäise itse asettamaasi seulaa, ei siihen kannata aikaansa juurikaan tuhlata. Mutta edelleen on siis muistettava, yksittäisiä helmiä voi löytyä mistä tahansa - koko julkaisun yleistäminen "kaikki roskaa" on epärehellisyyttä myös itselleen.

Jos pelkkä värisävy ei riitä, voidaan yksittäistä artikkelia/videota/esitystä arvioida myös siltä kannalta, onko siinä käytetty propaganda **agitoivaa** vai **integroivaa**. Agitoivalla, kuten nimestä saattaa päätellä, on tarkoitus ärsyttää, kiihottaa ja yllyttää *tekemään jotain*. *Agitoivassa propagandassa* pyritään saada ihmisissä irti aktivoivia tunnetiloja, eli pelon sijaan paniikkia. Innostus, toivo, ylpeys ja ihailu lasketaan positiivisiksi ja viha, ahdistus, kateus ja häpeä negatiivisiksi aktivoiviksi tunnetiloiksi - näitä tunteita

137

sopivasti herättelemällä pyritään saamaan halutun kaltainen reaktio kuulijoissa. Tarkkailemalla omia tuntemuksiasi voit siis saada viitteitä siitä, mitä reaktioita koetetaan nostaa pinnalle. *Integroivalla propagandalla*, kuten saatoit jo arvata, haetaan taas päinvastaista - turpa tukkoon, istu alas, hymyile ja kuuntele mitä sinulle kerrotaan! Kyseessä ei välttämättä ole passivoivaa, vaan yhdentymistä ajava propagandaa pyrkien luomaan "me olemme tässä nyt yhdessä"-asennetta. Viihdeohjelmia voidaan pitää esimerkkinä integroivasta propagandasta - istutaan sohvalla katsomassa mitä mielikuvia mistäkin asiasta tulisi omata että elämä olisi ihanaa. Integroivassa propagandassa halutaan luoda tuntemuksia "me", me yhdessä, kertomalla tarinoita jotka kannustavat siihen yhteiseen kannatukseen halutulle asialle, tai vastustusta haluttua asiaa vastaan. Jälkeenpäin voidaan sitten se "me" kääntää muotoon "me vastaan nuo", mutta ensin on luotava se yhteenkuuluvuuden tunne. Ja tietenkin osoitettava ketkä eivät kuulu siihen omaan ryhmään.

Agitoivan tai integroivan propagandan jaon hyödyllisyys on tietenkin tilannekohtaista, mutta kokonaisen aihe-alueen propagandan analysoinnissa siitä voi olla hyötyä kun yritetään päätellä mihin toimiin tai toimimattomuuteen kyseisellä propagandalla pyritään.

Jatketaan seuraavaksi analysointia kahdella valmiilla mallilla, joiden täyspitkät versiot löytyvät niiden mallien yhteydessä mainituista kirjoista.

Garth S. Jowett & Victoria O'Donnell kirjasta "Propaganda and Persuasion"

Kymmenen kohdan analysointistrategia toimii näin:

#1. Propagandan tarkoitus ja taustalla oleva ideologia. Mikä on siis propagandaa ajavan ryhmän ideologia ja mikä on itse propagandan tarkoitus? Poliittisten julkaisujen yhteydessä on helppo päätellä mikä puolue sitä kyseistä asiaa ajaa, mutta taustalla olevaa ideologiaa ei suoraan tästä voi läheskään aina päätellä. Propagandan tarkoitus jää usein arvauksien varaan, koska se mitä kerrotaan ei tarkoita automaattisesti samaa asiaa kuin mitä oikeasti ollaan ajamassa.

#2. Missä asiayhteydessä propaganda esiintyy. Mihin sen hetkisiin tapahtumiin tai asioihin kyseistä propagandaa yritetään ujuttaa mukaan? Mihin menneisiin asioihin tai henkilöihin propaganda liittyy? Propaganda on harvoin irrallaan vaan sitä pyritään yhdistämään toisiin asioihin esimerkiksi uskottavuuden parantamiseksi tai yhdistämiseksi johonkin muuhun negatiiviseen asiaan.

#3. Propagandistin tunnistaminen. Kuka tai ketkä levittävät ensisijaisena kyseistä propagandaa? Valtamedia papukaijan lailla toistaa samaa sanomaa, mutta onko propagandalla selvä lähde? Kuka kertoi asiasta ensimmäisenä? Ensimmäisenä asiasta kertonut ei välttämättä ole kuitenkaan se tiedon alkuperäinen lähde, joten asian kaivelua kannattaa jatkaa pintaa syvemmältä.

139

#4. Propagandaorganisaation rakenne. Onko kyseessä vain yksi taho, vai kuuluuko propagandan levittäjä suurempaan organisaatioon jonka lonkerot yltävät kaikkialle? Yhteistyökumppanit eivät välttämättä levitä juuri samaa propagandaa, mutta voivat kuulua osaksi samaa käsitysten ohjausta, johon analysoitava propaganda kuuluu.

#5. Kohdeyleisö. Kenelle propaganda on ensisijaisesti tarkoitettu? Suuremmissa kampanjoissa voi kohteena olla ihan kaikki kansalaiset, mutta kohdistettu propaganda on huomattavasti tehokkaampaa joten tunnista mikä on analysoitavan propagandan kohdeyleisö.

#6. Medioiden käyttö. Mitä eri medioita käytetään välittämään kyseistä propagandaa? Televisio, radio, lehdet, mainosjulisteet ja sosiaalinen media ovat vain muutama esimerkki eri keinoista tavoittaa kohdeyleisö. Ideologian mukainen viesti voidaan kuitenkin tunnistaa ja yhdistää osaksi samaa propagandaa. Eri medioiden yhdistäminen auttaa saavuttamaan valitun kohdeyleisön tehokkaammin ja toisto lisää uskottavuutta. Iskulause radiossa, mainosbanneri bussin kyljessä ja vaikuttaja toistaa samaa asiaa... kyseessä siis sama kampanja.

#7. Käytetyt erikoistekniikat. Onko asialle nostettu "suuri johtaja" vai kenties sävelletty oma teemalaulu? Mitä eri varmasti mieleenpainuvia temppuja käytetään koukkuna propagandan luokse kutsumiseen?

#8. Yleisön reaktiot eri tekniikoihin. Miten kohdeyleisö on vastaanottanut propagandan? Levittävätkö he sitä

140

vapaaehtoisesti eteenpäin tai toimivatko he jollain muulla tavalla pönkittäen sanomaa? Onko propaganda agitoivaa vai integroivaa ja tekeekö yleisö mitä haluttiin?

#9. Vastapropaganda. Onko samasta aiheesta vastapropagandaa? Mitkä tahot levittävät vastakkaista sanomaa, eli onko kyseessä oikeaa vastustusta vaiko vain osa samaa kampanjaa jolla saadaan aihe laajemmalle yleisölle tietoisuuteen? Omaa sanomaa vastaan hallitusti hyökkääminen on tehokas keino hallita koko tarinaa ja siitä käytävää keskustelua.

#10. Vaikutus ja arviointi. Kuis meni, noin niinku omasta mielestä? Muuttuiko yleisön mieli ja saavutettiinko ne halutut asiat? Toki emme voi aina tietää mikä se alkuperäinen tarkoitus oli, mutta voimme arvioida yllä olevalla analysointitavalla saavuttiko propaganda tehtävänsä vai ei. Propagandakampanja voi muuttaa muotoaan ja strategiaansa useasti kesken matkan, mutta se tarkoitus ei juurikaan muutu.

Tämä malli soveltuu niin yksittäisen artikkelin kuin tietyn aihealueen ympärillä pyörivän propagandan analysointiin. Analysoimalla useiden lähteiden artikkeleita samasta aiheesta samaan aikaan julkaistuna voidaan niiden yhtäläisyyksiä vertailemalla koettaa päätellä ovatko ne mahdollisesti samasta lähteestä kotoisin. Sama aihe, sama aika, samat termit ja sama näkökulma ei ole sattumaa. Jäljet johtavat sylttytehtaalle... mutta kuten tuosta sanonnasta tiedämme, ei se sylttytehdas ollut syyllinen, sanonta vaan jäi elämään. Haluttiinko silloinkin ihmisiä johdattaa tahallaan harhaan?

Laittamalla saman aihealueen propagandan aikajanalle, voidaan kyseisen propagandan evoluutiota seurata tarkemmin. Miten tarina siis kehittyy ajan kanssa, etenkin jos puhutaan edelleenkin samasta asiasta mutta näkökulmaa on lähdetty siirtämään. Pyritäänkö tarinassa hivuttamaan askel askeleelta kohti jotain määränpäätä, vai onko kyseessä kenties korjausliike toimimattomasta tarinan osasta uuteen?

Paul Linebarger - "Psychological Warfare"

Psykologisen sodankäynnin näkökulmasta, josta Linebarger kirjoitti 1954, propagandaa pohditaan sodankäynnin kannalta. Hybridisota on päivän kuuma sana ja pysyäkseen perässä on vihollisen viestintää "omilleen" pidettävä tarkasti silmällä. Virallisen tarinan suunnalta tätä tehdäänkin runsaasti ja analyysejä kuinka jokin ryhmä, jota halutaan sillä hetkellä leipoa henkisesti pataan, toimii ja kuinka pahoja he ovatkaan vaatii analysointia. Tarkoituksena on etsiä toistuvia teemoja joita halutaan syystä tai toisesta ajaa läpi sekä tietenkin niitä vastustajan heikkouksia joihin omaa strategista viestintää voidaan kohdentaa. Informaatiosotaa, jossa etsitään oikeutusta hyökätä kunnolla tai vaan etsiä heikkoja kohtia johon suorittaa oma retorsio (laillisuuden rajoissa oleva "kosto", vastatoimi).

Ensiksi täytyy valita seurattava lähde, josta on mahdollista saada helposti arkistoitava kopio myöhempää tarkastelua varten. Linebarger ehdotti sanoma-

142

lehteä, koska se täyttää kaikki kriteerit ja on helposti saatavilla. Nettiaikana tiedon rajoittaminen pelkästään netissä olevasta julkaisusta on haastavaa, koska usein ei ole olemassa yhtä "numeroa" jota tutkia. Samalla kellonlyömällä joka päivä "etusivun" kaappaus voisi olla yksi tapa, mutta jokainen päättäköön itse mikä on sopiva mittakaava moiselle analyysille.

Kun sopiva julkaisu on valittu, sitä tulee seurata tasavälein - esimerkiksi päivittäin. Jokainen julkaisussa ollut yksittäinen artikkeli käydään läpi ja niistä otetaan, jos mahdollista, ylös seuraavan kaltaisia asioita:

#1. *Lähde*: alkuperäinen lähde, mistä he ovat tiedon saaneet, onko alkuperäistä viestiä muokattu ja onko viestissä merkkejä vilpistä.

#2. *Aika*: kauanko meni tapahtumasta että asia uutisoitiin, toistetaanko viestiä ja onko julkaisuajankohta jollain tavalla merkityksellinen.

#3. *Yleisö*: kenelle viesti on tarkoitettu ja kenet se saavuttaa niin vahingossa kuin tahallaan.

#4. *Aihe*: otsikko tai vastaava, mikä on viestin pääsanoma, onko mukana avainsanoja tai muuta huomioitavaa.

#5. *Tehtävä*: mitä sanomalla halutaan, mihin se on kohdistettu, puolesta tai vastaan, eli mikä on oletettu haluttu mielipide asiasta?

Huomaa heti, että kyseessä ei ole mikään tavan tallaajan tekniikka analysoida propagandaa? Tiedustelupalvelut ja viranomaiset taas voivat helposti analysoida ja seurata moisia asioita ja tehdä niistä omat riskiarvionsa. Sodan aikana viestinnässä on aina huomioitava, että vihollinen tulee varmasti pääsemään käsiksi julkisena esitettävään tietoon, joten viestinnässä sille omalle porukalle on syytä olla hyvin tarkkana. Mutta tämän toki tiedustelupalvelut ja muut tietävät, joten heille ei tässä ole mitään uutta tai ihmeellistä. Tavalliselle median kuluttajalle ei moisista analyyseista ole juurikaan apua, mutta ehkä tästäkin strategiasta joku saattaa löytää mielenkiintoisia ja mahdollisesti hyödyllisiä kohtia omaan strategiseen viestintäänsä.

Seuraamalla esimerkiksi tiettyjen aihealueiden saamaa huomiota verrattuna muihin asioihin, samoin kuin joidenkin toisten asioiden täydellistä mediapimentoa, voidaan kyseisen julkaisun toiminnasta saada hyödyllistä tietoa. Sen jälkeen voikin pohtia *miksi* jotkin asiat saavat lähes päivittäistä huomiota kun toiset asiat, mahdollisesti huomattavasti merkittävämmät, jäävät kuin unholaan.

...

Ennen kuin päästään loppusanoihin, tutkaillaan kuitenkin vielä mitä propagandan "grand-old-man", aikamme legenda, Edward Bernays kertoi propagandan luonnista, koska siitä voimme analysoida hyvinkin yksinkertaisen asian - kenellä riittää rahkeet tuottamaan tehokasta propagandaa.

Edward Bernays - "The Engineering of Concent"

Kahdeksan kohtaa kuinka propagandakampanja luodaan, suoraan soveltaen Bernayssin kirjasta:

#1. Määrittele tavoitteet. Ilman tavoitteita mikä tahansa toiminta on hyödytöntä. Usein tavoitteiden tarkka määrittely jää väliin ja lopputulos on usein sen mukainen - juosten kustu räpellys. Maailmanvalloitus saattaa esimerkiksi olla liian suuri tavoite, mutta toki resurssien puitteissa voidaan saavuttaa melkoisia muutoksia yleisessä mielipiteessä. Yksinkertaisimmillaan voidaan tavoitteeksi asettaa vaikka "tämä tyyppi valituksi seuraavissa vaaleissa". Mitä tarkemmin tavoitteet määritellään, sitä vähemmän turhaa työtä joudutaan yleensä tekemään. Taitava propagandisti osaakin auttaa asiakastaan valitsemaan realistiset tavoitteet saatavilla olevien resurssien valossa, mutta joskus asiaa on selvitettävä tarkemmin ennen kuin voidaan päättää kuinka pitkälle kampanja ajetaan. Kohdeyleisön tuntemus ennakolta on ratkaisevassa asemassa kun tavoitteita määritetään.

#2. Tutki sen hetkinen yleinen mielipide. Kun tavoitteet on valittu, täytyy kohdeyleisöltä tarkistaa onko sillä kysyntää kaupatulle asialle. Toki jos kampanjalla yritetään muuttaa yleistä mielipidettä suosiolliseksi tulevalle muutokselle, on kysynnän selvittäminen hieman vaativampaa - jos siis ajetaan jotain uutta ja ennen-kuulumatonta asiaa eteenpäin. Propagandistin onkin syytä pitää korva tarkasti maata vasten mikä on sen hetkinen yleinen mielipide ja onko sitä mahdollista muokata kampanjan tavoitteiden suuntaan. Vanhoista kampanjoista voidaan ottaa oppia ja muodostaa kohdeyleisöstä muodostuvia ryhmiä ja kokeilla niillä mikä olisi ennakkoreaktio valituista tavoitteista. Ja kun

tutkimukset on saatu valmiiksi, palataan takaisin suunnittelupöydän ääreen.

#3. Täsmennä tavoitteet tutkimuksen perusteella. Riippuen siis tutkimusten tuloksista, saatetaan tavoitteita joutua muuttamaan tai täsmentämään niin että ne ovat ainakin teoriassa saavutettavissa. Kaikkea ei voida tietenkään ennustaa ja koska kampanja ei ole vielä kuin vasta paperilla, ei sen lopputulosta ja ihmisten todellisia reaktioita voida aina ennakoida. Mutta ihmisten käyttäytymistä ollaan tutkittu viimeinen vuosisata niin runsaasti, että ennakointi on entistä luotettavampaa. Massamanipulointi on taitolaji ja loppujen lopuksi resurssit ovat se suurin rajoittava tekijä mikä on mahdollista - mahdollista siis yrittää, koska aina ei voi onnistua. Mutta jokaisesta kampanjasta voidaan aina oppia, onnistui se tai ei, eli seuraavalla kertaa samat tavoitteet voidaan saavuttaa mutta vain eri keinoilla.

#4. Päätä strategiat. Kun tavoitteet on lyöty lukkoon, pitää lähteä pähkäilemään miten niihin pyritään. Eri strategioita on lukemattomia mutta riippuen osin niistä tavoitteista propagandistit osaavat valita tilanteeseen mahdollisesti sopivia keinoja saavuttaa se kohdeyleisö sekä miten kohteeseen halutaan vaikuttaa että päästään tavoitteisiin. Tärkeä osa strategian luontia on sen aikataulussa - tiettyyn päivämäärään mennessä on päästävä tavoitteeseen, vaiko vuosikymmenien aikana halutaan jokin muutos. Lähestymistapoja saman ongelman ratkaisemiseksi on myös useita jolloin päätetään lähdetäänkö asiaa ratkomaan siihen suoraan puuttumalla, vaiko muokkaamalla ilmapiiri sopivaksi että

146

muutos tapahtuu "luonnollisesti". Mitään luonnollistahan ei ilmapiirin muutoksessa enää siinä kohtaa ole, mutta se voidaan saada näyttämään siltä. Propagandisti voi myös valita useita eri strategioita vaikuttamaan eri asioihin, joiden yhteistuloksena ainakin pitäisi päätyä tavoitteisiin.

#5. Valitse teemat ja symbolit. Riippuen tavoitteista, voidaan eri ryhmille valita omat teemansa ja symbolinsa. Jokainen valittu teema kehystetään halutulla lailla ja sille saatetaan määritellä käytettävä symboli. Eri teemoja tarvitaan siitä syystä, että eri kohderyhmille tarvitaan yleensä hieman eri tyylistä propagandaa. Vaikka kaikki kuuluvatkin samaan kampanjaan, voidaan esimerkiksi aikuisille ja lapsille suunnata suuresti toisistaan poikkeavaa materiaalia. Yhtenäiset symbolit auttavat kuitenkin pitämään eri teemat siististi nipussa. Symbolit eivät tarkoita vain merkkejä, vaan myös henkilöitä, teemamusiikkia ja vastaavia tunnistettavia ja asiaan yhdistettäviä asioita, eli symboleja.

#6. Luo pohjapiirros organisaatiolle joka kampanjan suorittaa. Kuka siis tekee mitä kampanjan aikana. Eri median alat toimivat pääosin samalla tavalla keskenään, mutta oman alueensa ammattilaiset kykenevät ottamaan kaiken tehon irti siitä omasta lohkostaan. Radio-toimittajasta ei ole televisioon, eikä nettivaikuttaja osaa kirjoittaa artikkelia lehteen. Valituille strategioille on siis löydettävä omat tekijänsä, eivätkä ne symbolit liioin tyhjästä ilmesty mukaan. Riippuen kampanjan laajuu-desta ja tavoitteista, voi se yleisön eteen asiaa tuovien määrä vaihdella suuresti. Kuinka oma-aloitteisia nämä toimijat sitten ovat ja mitä heille kerrotaan riippuu

147

valituista strategioista - ei sille suorittavalle portaalle tarvitse välttämättä kertoa mitään itse tavoitteista, ainoastaan mitä tulee tehdä. Median toimittelija tekee sitä mitä päätoimittaja käskee eikä turhia kysele.

#7. Kartoita aikataulut ja taktiikat. Jos kampanja on monivaiheinen, on tärkeää pitää huolta siitä että asiat tapahtuva sovittuina aikoina joka ennalta sovittuine aikoineen tai esimerkiksi aina jonkun kampanjan osan valmistuttua seuraava osa aktivoituu. Kun aikataulu on sovittu, jokainen organisaation osa valitsee ne sopivimmat taktiikat millä se oma alue hoidetaan. Eri propagandatekniikoita on lukemattomia ja käytettävän välineen rajoitukset otetaan huomioon taktiikkaa valittaessa organisaation toiminnan tasolla - radioon ei saa kuvaa eikä lehteen ääntä. Taktiikka saatetaan joutua jopa yksilöimään, mutta somen aikakaudella sekin on mahdollista - somejätit kykenevät toimittamaan vaikka jokaiselle yksilölle räätälöidyn manipulointikampanjan kotisohvalle asti, eikä käyttäjä välttämättä edes tiedä joutuneensa propagandakampanjan kohteeksi.

#8. Käynnistä kampanja valituilla taktiikoilla. Mikään suunnitelma ei tietenkään säily muuttumattomana vaan sen eri kohtia on muunneltava tarvittaessa. Esimerkiksi jotkin asiat ovat yleisessä mielipiteessä saattaneet muuttua siitä kun asiaa viimeksi tutkittiin, joten niihin on kyettävä reagoimaan riittävällä nopeudella sekä voimalla. Nykyään kun yleistä mielipidettä kyetään seuraamaan lähes reaaliajassa eri somealustoilla, on tärkeää että yhteistyö toimii näiden eri teknologiajättien kanssa. Riippuen siis siitä miten kampanja on aikataulutettu,

täytyy propagandistin olla joko ajan hermoilla tau-
koamatta, tai toisessa päässä vaan istua ja odottaa että
kelkka kääntyy haluttuun suuntaan ajan kuluessa. Aina
ei kampanja tietenkään onnistu, mutta vallanpitäjillä
saapuu sen jälkeen vain uusi päivä keksiä uusia
temppuja ihmisten pään menoksi. Rajattomilla resurs-
seilla on propaganda vaan niin äärettömän tehokas ja
yllättävän helppo tapa saada ostettua kansan suosio
asialle kuin asialle.

Mitä siis tästä opimme? Kunnon propagan-
dakampanjaan tarvitaan runsaasti resursseja, toimiva
organisaatio, keinot analysoida propagandan tehoa ja
toimivuutta kesken kampanjan sekä tietenkin
myötämieliset mediat, jotka suostuvat ajamaan asiasi
läpi. Bernayssin aikana, eli 1900-luvun alusta
lähemmäksi 1900-luvun loppua, propaganda säilyi
suunnilleen samana reagointinopeudeltaan, eli muutok-
sia ei kyetty alun jälkeen tekemään nopeasti eikä tietoa
kyetty analysoimaan riittävällä vauhdilla. Netti kuitenkin
muutti asiat ja sosiaalisen median aikana propagandan
analysointia voidaan tehdä reaaliajassa ja hyvinkin
tarkasti rajatuille ryhmille, jopa yksilötasolle saakka.

Koska vain havaittu propaganda toimii, miten arvioisit
mahdollisuuksiasi pystyä ajamaan omaa agendaasi läpi,
vaikka omaisit merkittävät resurssit asiasi ajamiseen?
Entä mitä luulet, kykenisikö vieraan vallan toimija
levittämään omaa propagandaansa jonkin toisen maan
alueella riittävällä laajuudella? Ja kykeneekö kukaan
levittämään mitään aatetta tai agendaa suurelle joukolle,
ilman teknologiajättien hyväksyntää?

Yksi ihminen, yksi ääni - demokratiaa... niinkö?

Loppusanat

Joko nyt paljastetaan se viritys?!

Kaikki media on propagandaa. Vallanpitäjät ovat kautta aikojen myyneet sota toisensa jälkeen oikeutettuna tekona kansalle. Ja jokainen kerta jälkeenpäin ne syyt on todettu tekaistuksi. Mutta ajatus siitä, että media valehtelee on silti täysin absurdi valtaosalle ihmisistä - siis senkin jälkeen, kun se on todistettu. Salaliittoja? Ei, vaan salaisia sopimuksia piilossa kansan näkyviltä kylläkin. Melkein voisi jopa luulla, että koko maailma pyörii paskapuheen voimalla?

Suomalaisia voidaan kutsua "yhden totuuden kansaksi", koska erehtymättöminä tiedämme välittömästi valheen todesta erilleen, kunhan vain se ensin kerrottiin koulussa, uutisissa ja päälle vielä puoluejohtajan toimesta. Mark Twainia lainatakseni, "On helpompaa huijata ihmisiä kuin uskotella heille, että heitä on huijattu". Siksi en edes oleta, että tämän kirjan mikään kohta kääntäisi ihmisten mielipiteen mediasta ja sen toiminnasta, saatikka sen vaikutuksesta yhteiskuntaamme ja politiikkaan.

Laittaa kuitenkin miettimään, miksi ihmeessä sitä rahaa kaadetaan niin älyttömiä summia ihmisten manipulointiin. Niin tutkimukseen kuin koulutukseen kaadetaan maailmalla miljardikaupalla rahaa, mutta miksi? Että saadaan myytyä ihmisille se uusin puhelin ja edistynein auto? Vaiko siksi, että koko järjestelmä perustuu manipulointiin totuuden sijasta?

Voidaan sanoa, että kirjan tarkoitus on kokeilla sananvapauden rajoja - ei siksi että kirjassa loukataan tai pilkataan (ainakaan tarkoituksella, tosin nykyään ihmiset voivat vetää olympiaherneen nenään mistä tahansa), kerrotaan ennenkuulumattomia asioita tai myydään vaarallisia aatteita, vaan siksi, että moni vaatii sananvapautta rajoitettavan niiltä, joilla on "väärä mielipide". Jopa maamme lainsäädäntö (ns. "urkintalaki") on hiljattain muutettu niin, että väärinajattelijoita voidaan salakuunnella ja viedä sitten asiaa eteenpäin vielä oikeusteitse. Median aiheuttama putkinäkö, joka sitä itseään myös vaivaa, jossa vääriä mielipiteitä ei hyväksytä, on myös aiheuttanut yhteiskuntaamme ennennäkemättömän määrän vastakkainasettelua. Ja syyllinen sille "tiedetään" - vastapuoli, näkökulmasta riippuen... mutta käytännössä, latinaksi "*divide et impera*" eli hajoita ja hallitse.

Onko ajatus siitä, että meitä kusetettaisiin noin järjestelmällisesti ja tehokkaasti ilman että enemmistö siihen havahtuu sitten jollain tavalla uusi tai ihmeellinen, maata mullistava ja kielletyksi haluttava? Ei nähdäkseni, koska asiasta on kirjoitettu vuosisadan ajan teos toisensa jälkeen, mutta ei juurikaan suomeksi. Lontoo ei kaikilta tietenkään suju, joten sillä voitaneen selittää ainakin osa siitä, miksi tässä kirjassa mainitut asiat saattavat tulla täysin uutena vastaan. Mutta suurempi syy on siinä, ettei kukaan nykyisestä järjestelmästä hyötyvä halua nostaa asiaa esille, koska niin moni asia nojaa täysin siihen, että kansa on autuaan tietämätön miten heitä kusetetaan.

Entä ovatko asiat sitten oikeasti nyt niin huonolla sortilla? Verrattuna moneen muuhun maahan Suomessahan on loistava media, toimiva demokratia eikä korruptiota juuri lainkaan. Ai on vai, millä mittarilla ja mihin verrattuna? Näille asioille kun on olemassa ihan mittareita, joissa ei vertailla asioita... ja niillä mittareilla - ei, ei ja ei.

No mutta järjestelmä täytyy selvästi olla rikki koska kaikki tämä suhmurointi on mahdollista? Eip, ei sekään. Kaikki toimii kuten on tarkoitettu. Erona entiseen on lähinnä se, että nyt ne virheet saattavat osua omalle kohdalle, omaan tietoisuuteen. Mutta ei, kaikki toimii kuten aina ennenkin, tosin kehitys kehittyy joten ehkä ne manipuloinnin keinot ovat myös parantuneet matkan varrella... mutta samalla kiinnijäämisen riski on kasvanut kun ihmiset pääsivät nauttimaan hetken aikaa vapaasta netistä.

Näkemykset ovat kuitenkin vain omiani. Omia tulkintojani havaitusta maailmasta ja niiden mahdollisia selityksiä vuosisadan ajalta akateemisten tutkimusten tukemana. Jos jokin asia ei tunnu natsaavan kohdalleen, voit aina palata ensimmäisen luvun pettämättömään logiikkaan - jos olet eri mieltä, se on vain propagandaa. Tai voit vaihtoehtoisesti lähteä tutkimaan asiaa, kuten itse tein vuosia sitten... ja pähkäilemään asioita ihan itse, eikä vain nielemään purematta mitä se mediamme kertoo päivästä toiseen.

Kyllä, ajatus siitä että pitäisi miettiä itse ja kyseenalaistaa asioita on myöskin kertoman mukaan "hullua salaliittoteoriaa", "tarkista foliohattusi" tai jotain vastaavaa. Siis että vallanhimoiset ihmiset tekisivät asioita omaksi edukseen. Että ihmiset, joilla on resursseja tehdä mitä haluavat tekisivät asioita joilla pönkittävät omaa vaurauttaan, jopa muiden kustannuksella.

Kirjassa esitetyt keinot ovat kuitenkin vain pieni pintaraapaisu, kaikille näkyvä ja *täysin laillinen,* joskin ehkä joidenkin mielestä halveksuttava, niistä tavoista ohjata massoja ja yksilöitä yhteiskunnassamme.

Mitä toivoisin kirjan sitten saavan aikaiseksi? Parempaa journalismia nyt ainakin. Ei enää kieputettua ja kehystettyä agendajournalismia, jossa tärkein tehtävä on ajaa haluttuja asioita eikä kertoa kansalle missä oikeasti mennään. Valistunut kansa kykenisi sitten itse päättämään omista asioistaan kuten olisi heidän omien etujen mukaista, eikä vain niiden etuja ajatellen joilla on oikeasti valta yhteiskunnassamme. Utopistinen ajatus, tiedän, koska valtaan päästyään aniharva haluaisi siitä päästää irti saatikka jakaa sitä muille. Mutta jos kaikki vaatisivat todenmukaista uutisointia sen illuusion tuputtamisen sijaan, ehkä maailma muuttuisi?

Pientä muutosta on onneksi jo nyt havaittavissa siinä monoliittisessa mediakentässä - kansalaisjournalistit, eli tavalliset kansalaiset kameroidensa kanssa, jotka ovat lähteneet haastamaan vanhaa mediaa. Vaikuttajaksi kutsutut ihmiset kertovat mitä valtamedia ei suostu kertomaan - omalla tavallaan josta kaikki eivät tietenkään pidä. Kun miljoonabudjetilla ei saada aikaiseksi rehellistä ja tarkkaa uutisointia, voitaneen pelkän kännykkäkameran ja tietokoneen voimin tehtävää uutisointia pitää huomattavasti kustannustehokkaampana keinona välittää tietoa? Aika näyttää miten asiat muuttuvat... jos muuttuvat. Lainsäätäjät kun ovat ottaneet aseman, missä tiedon hallinta täytyy säilyä vanhalla vallalla ja uudet kanavat estettävä.

Sinä päivänä kun ihmisiä alkaa taas kiinnostamaan asiat kuten totuus, sananvapaus ja mielipiteenvapaus ja ne palaavat asemaansa, jossa ovat jälleen kunnioitettavia arvoja, voisi ihmiskunta parantua ja kehittyä. Useasti tätä on kait jo yritetty, mutta aina se ahneus ja oman edun tavoittelu on ajanut edelle... mutta ehkä tällä kertaa?

Ai niin, vielä se viritys, jos joku muistaa viidennessä kappaleessa olleen puhetta kirjan alun lainauksen illuusiosta. Jos noin pienestä saa tunteet kohtahtamaan, minulla on ikäviä uutisia: mitä helpommin otat kierroksia, sitä helpommin sinua voidaan huijata ja manipuloida. Ehkä se oma henkilökohtainen *simulacrum* jossa elät saa kuitenkin pienen kolauksen lukemastasi. Tosin, ne negatiiviset tuntemukset vaikuttavat negatiivisesti muistiin, joten saatat joutua lukemaan kirjan uusiksi... Vai olisiko parempi vastaus sittenkin ollut "kerron huomenna"?

Siinäpä se sitten oli. Toivottavasti jäi edes jotain *Funtsittavaa* iltojen iloksi...

Lopussa kiitos seisoo

Ennen kuin listaan ne kirjat, jotka ovat vaikuttaneet tämän teoksen syntyyn ja muotoon, haluan esittää julkiset kiitokset muutamille henkilöille.

Ensiksi kiitokset etenkin vanhemmilleni sekä koko kotiväelle kaikesta avusta ja tuesta niin kirjoittamisen aikana kuin muutenkin - olisi jäänyt tämäkin kirja, blogista puhumattakaan, tekemättä ellei rakas vaimoni Andrea olisi kannustanut kirjoittamaan. Kiitokset myös koiruudellemme, Leilalle, joka juuri nyt makaa sängyssään yrittäen syödä ympärillään pyörivää kärpästä lennosta - hän piti huolta siitä, etten keskity vain tämmöisiin triviaaleihin asioihin kuten kirjoittaminen ja lukeminen, vaan aina välillä käytän aikaani oikeasti tärkeisiin asioihin kuten rapsuttaminen ja herkkupalat.

Kiitokset kaikille kavereille tuolta somen puolelta jotka ovat auttaneet levittämään näitä "vääriä mielipiteitä" sen sijaan että ovat vain voivotelleet kun asiat ovat päin prinkkalaa.

Ja sitten vielä maalitetaan kaksi kaveria joita en koskaan ole tavannut naamatusten: Some-resonaattori Pekulle kiitokset niistä lukemattomista linkeistä ja artikkeleista sekä Suomen keltaliivien palvelimia ylläpitävälle Hannekselle, jonka ansiosta blogini on ainakin hieman paremmin suojassa jos isot herrat kyllästyvät teksteihini. Peili löytyy osoitteesta https://www.ric.fi/funtsittavaa/ ja poistamalla tuo loppu pääsette ihmettelemään miten maailmaa pyritään muuttamaan ruohonjuuritasolla, eli www.ric.fi

Allekirjoittanut kiittää ja kumartaa.

P.S. Jos jokin asia on kirjassa virheellisesti tahi jokin jäi mielestäsi liian vähälle huomiolle tai kokonaan puuttumaan, blogista voi ensihätään löytyä vastaus ja koitetaan sitten seuraavaan painokseen saada korjattua mahdollisimman paljon niitä bugeja. Tämä kuitennii on ihka ensimmäinen kirjoittamani kirja ja moisen raapustaminen erosi huomattavan paljon bloggaa-misesta... joten oppia ikä kaikki, virheistä oppii enemmän kuin uskoisikaan.

Kirjallisuutta

Edward Bernayssin koko tuotanto on lukemisen arvoinen, joista yksi valitsemalla osutaan tietenkin hänen teokseensa "Propaganda".

Walter Lippmann on ehtinyt myös kirjoittamaan useita lukemisen arvoisia teoksia politiikasta ja median toiminnasta, mutta suositus menee kirjalle "Public Opinion"

Michael Parenti taas tekee hienoja huomioita yhteiskunnastamme ja osoittaa median vaikutuksen esimerkiksi kirjassaan "Inventing Reality"

"Propaganda and Persuasion" - Garth S. Jowett & Victoria O'Donnell - loistava teos modernista propagandasta josta löytyy viittauksia lukemattomiin tutkimuksiin ja toisiin kirjoihin. Ehdoton lukusuositus jos propagandan lyhyt oppimäärä ei riitä.

"Aatos Erkko : yksityinen valtiomies" - Karén, Lauri - jos pieni vilkaisu Suomen ehkä vaikutusvaltaisimman miehen elämään kiinnostaa. Vallan verkostot ovat piilossa kaikkien nähtävillä...

Ja lopuksi ehkä se tärkein kirja, jonka jokaisen englantia osaavan tulisi lukea...

"THE POLITICS OF OBEDIENCE: THE DISCOURSE OF VOLUNTARY SERVITUDE" - Étienne de La Boétie

... joka löytyy (ainakin vielä tätä kirjoitettaessa) soveltaen suomennettuna blogistani otsikolla "Tottelevaisuus - kun kansa valitsee orjuuden"

https://funtsittavaa.blogspot.com/2020/07/tottelevaisuus-kun-kansa-valitsee.html